Sygdommen til døden

MIX
Papir fra ansvarlige kilder
Paper from responsible sources
FSC® C105338

Søren Kierkegaard

Sygdommen til døden

Lindhardt og Ringhof

Sygdommen til døden

ISBN: 9788711940112

1. L&R udgave

lindhardtogringhof.dk
Lindhardt og Ringhof Forlag A/S, et selskab i Egmont

Herr! gieb uns blöde Augen
für Dinge, die nichts taugen,
und Augen voller Klarheit
in alle deine Wahrheit.

Forord

Mange vil maaskee denne „Udviklings“ Form forekomme besynderlig; den vil synes dem for streng til at kunne være opbyggelig, og for opbyggelig til at kunne være streng videnskabelig. Hvad dette Sidste angaaer, da har jeg derom ingen Mening. Hvad det Første derimod angaaer, da er dette ikke min Mening om den; og var det Tilfældet, at den var for streng til at være opbyggelig, saa er det efter mit Begreb en Feil. Eet er det jo, om den ikke kan være opbyggelig for Enhver, fordi ikke Enhver har Forudsætninger til at følge den; et Andet, at den har det Opbyggeliges Charakteer. Christeligt bør nemlig Alt, Alt tjene til Opbyggelse. Den Art Videnskabelighed, som ikke tilsidst er opbyggelig, er netop derved uchristelig. Alt Christeligt maa i Fremstillingen have Lighed med en Læges Foredrag ved Sygesengen; om end kun den Lægekyndige forstaaer det, bør dog aldrig glemmes, at det er ved Sygesengen. Dette det Christeliges Forhold til Livet (i Modsætning til en videnskabelig Fjernhed fra Livet), eller denne det Christeliges ethiske Side er just det Opbyggelige, og den Art Fremstilling, hvor streng den end forresten kan være, aldeles forskjellig, qvalitativ forskjellig fra den Art Videnskabelighed, der er „ligegyldig“, hvis ophøiede Heroisme christelig er saa langt fra at være Heroisme, at den christelig er en Art umenneskelig Nysgjerrighed. Det er christelig Heroisme, og sandeligen den sees maaskee sjelden nok, at vove ganske at blive sig selv, et enkelt Menneske, dette bestemte enkelte Menneske, ene lige over for Gud, ene i denne uhyre Anstrengelse og dette uhyre Ansvar; men det er ikke christelig Heroisme, at narres med det rene Menneske, eller lege Forundringsleg med Verdenshistorien. Al christelig Erkjenden, hvor streng dens Form end forøvrigt er, bør være bekymret; men denne Bekymring er just det Opbyggelige. Bekymringen er Forholdet til Livet, til Personlighedens Virkelighed og saaledes, christelig, Alvoren; den ligegyldige Videns Ophøiethed er, christelig, langt fra at være mere Alvor, den er, christelig, Spøg og Forfængelighed. Men Alvoren er igjen det Opbyggelige.

Dette lille Skrift er derfor i een Forstand saaledes beskaffent, at en Seminarist kunde skrive det; i en anden Forstand dog maaskee saaledes, at ikke enhver Professor kunde skrive det.

Men at Afhandlingens Indklædning er den den er, er idetmindste vel betænkt, og dog vistnok ogsaa psychologisk rigtigt. Der gives en høitideligere Stiil, som er saa høitidelig, at den ikke er meget betegnende, og som, da man er kun altfor vant til den, let bliver Intet sigende.

Forøvrigt kun een Bemærkning, vistnok en Overflødighed, men som jeg dog vil forskylde: jeg vil een Gang for alle gjøre opmærksom paa, at Fortvivlelse i hele dette Skrift, hvad Titelen jo siger, opfattes som Sygdommen, ikke som Helbredelsesmidlet. Saaledes dialektisk er nemlig Fortvivlelse. Saaledes er jo ogsaa i christelig Terminologi Døden Udtrykket for den største aandelige Elendighed, og Helbredelsen dog just at døe, at afdøe.

I 1848.

Indgang

„Denne Sygdom er ikke til Døden“ (Joh. XI, 4). Og dog døde jo Lazarus; da Disciplene misforstode, hvad Christus senere tilføiede „Lazarus, vor Ven er sovet ind; men jeg gaaer hen for at opvække ham af Søvne“ (XI, 11), sagde Han dem reent ud „Lazarus er død“ (XI, 14). Altsaa Lazarus er død, og dog var denne Sygdom ikke til Døden; han var død, og dog er denne Sygdom ikke til Døden. Vi vide nu vel, at Christus tænkte paa det Under, der skulde lade de Medlevende, „forsaavidt de kunde troe, see Guds Herlighed“ (XI, 40), det Under, ved hvilket Han opvakte Lazarus fra de Døde, saa „denne Sygdom“ ikke blot ikke var til Døden, men som Christus forudsagde „til Guds Ære, at Guds Søn skal æres ved den“ (XI, 4): o, men selv om Christus ikke havde opvakt Lazarus, gjælder det dog ikke ligefuldt, at denne Sygdom, Døden selv, ikke er til Døden? Idet Christus træder hen til Graven og med høi Røst raaber „Lazarus, kom hid ud“ (XI, 43), er det jo vist nok, at „denne“ Sygdom ikke er til Døden. Men hvis Christus end ikke havde sagt dette – blot det, at Han, der er „Opstandelsen og Livet“ (XI, 25), træder hen til Graven, betyder dette ikke, at denne Sygdom ikke er til Døden: det, at Christus er til, betyder det ikke, at *denne* Sygdom ikke er til Døden! Og hvad havde det hjulpet Lazarus at være opvakt fra de Døde, naar det jo dog tilsidst maa ende med, at han døer – hvad havde det hjulpet Lazarus, hvis Han ikke var, Han der er Opstandelsen og Livet for hver Den, som troer paa Ham! Nei, ikke fordi Lazarus blev opvakt fra de Døde, ikke derfor kan man sige, at *denne* Sygdom ikke er til Døden; men fordi Han er til, derfor er denne Sygdom ikke til Døden. Thi menneskelig talt er Døden det Sidste af Alt, og menneskelig talt er der kun Haab saalænge der er Liv. Men christelig forstaaet er Døden ingenlunde det Sidste af Alt, ogsaa den kun en lille Begivenhed indenfor hvad der er Alt, et evigt Liv; og christelig forstaaet er der i Døden uendelig meget mere Haab end der blot menneskelig talt er naar der ikke blot er Liv, men dette Liv i fuldeste Sundhed og Kraft.

Altsaa christelig forstaaet er end ikke Døden „Sygdommen til Døden“, end mindre da Alt, hvad der hedder jordisk og timelig Lidelse, Nød, Sygdom, Elendighed, Trængsel, Gjenvordigheder, Piinsler, Sjelslidelser, Sorg, Græmmelse. Og var Sligt end saa tungt og piinagtigt, at vi Mennesker eller dog den Lidende siger „dette er værre end Døden“ – alt Sligt, hvad der, forsaavidt det ikke er Sygdom, kan sammenlignes med en Sygdom, er dog, christelig forstaaet, ikke Sygdommen til Døden.

Saa høimodigt har Christendommen lært den Christne at tænke om alt Jordisk og Verdsligt, Døden iberegnet. Det er næsten som maatte den Christne hovmode sig ved denne stolte Opløftelse over Alt, hvad ellers Mennesket kalder Ulykke, over hvad ellers Mennesket kalder det største Onde. Men saa har Christendommen igjen opdaget en Elendighed, hvilken Mennesket som saadan ikke veed er til; denne Elendighed er Sygdommen til Døden. Hvad det naturlige Menneske opregner som det Gyselige – naar han saa har opregnet Alt og Intet mere veed at nævne: dette er for den Christne som en Spøg. Saaledes er Forholdet mellem det naturlige Menneske og den Christne; det er som Forholdet mellem et Barn og en Mand: hvad Barnet gyser for, det anseer Manden for Intet at være. Barnet veed ikke, hvad det Forfærdelige er; det veed Manden, og for dette gyser han. Barnets Ufuldkommenhed er først den, ikke at kjende det Forfærdelige; og da igjen, hvad heri ligger, den, at gyse for Det, som ikke er forfærdeligt. Og saaledes ogsaa med det naturlige Menneske, han er uvidende om hvad i Sandhed det Forfærdelige er, dog er han derved ikke fritagen fra at gyse, nei, han gyser for Det, som ikke er det Forfærdelige. Det er ligesom med Hedningens Guds-Forhold: han kjender ikke den sande Gud, men ikke nok dermed, han dyrker en Afgud som Gud.

Kun den Christne veed, hvad der forstaaes ved Sygdommen til Døden. Han fik som Christen et Mod, hvilket det naturlige Menneske ikke kjender – dette Mod fik han ved at lære Frygt for det end Forfærdeligere. Paa den Maade faaer et Menneske altid Mod; naar man frygter en større Fare, har et Menneske altid Mod til at gaae i en mindre; naar man uendeligt frygter een Fare, er det som vare de andre slet ikke til. Men det Forfærdelige den Christne lærte at kjende er „Sygdommen til Døden“.

Første afsnit

Sygdommen til Døden er Fortvivlelse

A. At fortvivlelse er Sygdommen til Døden

A

Fortvivlelse er en Sygdom i Aanden, i Selvet, og kan saaledes være et Tredobbelt: fortvivlet ikke at være sig bevidst at have et Selv (uegentlig Fortvivlelse); fortvivlet ikke at ville være sig selv; fortvivlet at ville være sig selv.

Mennesket er Aand. Men hvad er Aand? Aand er Selvet. * Men hvad er Selvet? Selvet er et Forhold, der forholder sig til sig selv, eller er det i Forholdet, at Forholdet forholder sig til sig selv; Selvet er ikke Forholdet, men at Forholdet forholder sig til sig selv. Mennesket er en Synthese af Uendelighed og Endelighed, af det Timelige og det Evige, af Frihed og Nødvendighed, * kort en Synthese. En Synthese er et Forhold* mellem To. Saaledes betragtet er Mennesket endnu intet Selv. *

I Forholdet mellem To er Forholdet det Tredie* som negativ Eenhed, * og de To forholde sig til Forholdet, og i Forholdet til Forholdet; saaledes er under Bestemmelsen Sjel * Forholdet mellem Sjel og Legeme et Forhold. Forholder derimod Forholdet sig til sig selv, saa er dette Forhold det positive Tredie, og dette er Selvet.

Et saadant Forhold, der forholder sig til sig selv, et Selv, maa enten have sat sig selv, eller være sat ved et Andet.

Er Forholdet, der forholder sig til sig selv, sat ved et Andet, * saa er Forholdet vistnok det Tredie, * men dette Forhold, det Tredie, er saa dog igjen et Forhold, forholder sig til hvad der har sat hele Forholdet. *

Et saadant deriveret, sat Forhold er Menneskets Selv, et Forhold, der forholder sig til sig selv, og i at forholde sig til sig selv forholder sig til et Andet. Deraf kommer det, at der kan blive to Former for egentlig Fortvivlelse. Havde Menneskets Selv sat sig selv, saa kunde der kun være Tale om een Form, den ikke at ville være sig selv, at ville af med sig selv, men der kunde ikke være Tale om, fortvivlet at ville være sig selv. Denne Formel er nemlig Udtrykket for hele Forholdets (Selvets) Afhængighed, Udtrykket for, at Selvet ikke ved sig selv kan komme til eller være i Ligevægt og Ro, men kun ved i at forholde sig til sig selv at forholde sig til Det, som har sat hele Forholdet. Ja, det er saa langt fra, at denne anden Form af Fortvivlelse (fortvivlet at ville være sig selv) blot betegner en egen Art af Fortvivlelse, at tværtimod al Fortvivlelse tilsidst kan opløses i og tilbageføres paa den. Dersom en Fortvivlende er, som han mener det, opmærksom paa sin Fortvivlelse, ikke taler meningsløst om den, som om Noget, der hænder ham (omtrent som naar Den, der lider af Svimmel, ved et nerveust Bedrag taler om en Tyngde paa Hovedet, eller om at det er som faldt der Noget ned paa ham o. s. v., hvilken Tyngde, og hvilket Tryk dog ikke er noget Udvortes, men en omvendt Reflexion* af det Indvortes) – og nu af al Magt ved sig selv og ene ved sig selv vil hæve Fortvivlelsen: saa er han endnu i Fortvivlelsen, arbeider sig med al sin formeentlige Arbeiden kun desto dybere i en dybere Fortvivlelse. Fortvivlelsens Misforhold er ikke et simpelt Misforhold, men et Misforhold i et Forhold, der forholder sig til sig selv, og er sat af et Andet, saa Misforholdet i hiint for sig værende Forhold tillige reflekterer sig uendeligt i Forholdet til den Magt, som satte det.

Dette er nemlig Formelen, som beskriver Selvets Tilstand, naar Fortvivlelsen ganske er udryddet: i at forholde sig til sig selv, og i at ville være sig selv grunder Selvet gjennemsigtigt i den Magt, som satte det.

B

Fortvivlelses Mulighed og Virkelighed

Er Fortvivlelse et Fortrin eller en Mangel? Reent dialektisk er den begge Dele. Hvis man vilde fastholde den abstrakte Tanke Fortvivlelse, uden at tænke nogen Fortvivlet, saa maatte man sige: den er et uhyre Fortrin. Muligheden af denne Sygdom er Menneskets Fortrin for Dyret, og dette Fortrin udmærker ham ganske anderledes end den opreiste Gang, thi det tyder paa den uendelige Opreisthed eller Ophøiethed, at han er Aand. Muligheden af denne Sygdom er Menneskets Fortrin for Dyret; at være opmærksom paa denne Sygdom er den Christnes Fortrin for det naturlige Menneske; at være helbredet fra denne Sygdom den Christnes Salighed.

Altsaa det er et uendeligt Fortrin at kunne fortvivle; og dog er det ikke blot den største Ulykke og Elendighed at være det, nei det er Fortabelse. Saaledes er Forholdet mellem Mulighed og Virkelighed* ellers ikke; er det et Fortrin at kunne være Det og Det, saa er det et endnu større Fortrin at være det, det vil sige, det at være forholder sig som en Stigen til det at kunne være. Hvad Fortvivlelse derimod angaaer, saa forholder det at være sig som et Fald til det at kunne være; saa uendeligt som Mulighedens Fortrin er, saa dybt er Faldet. Det der altsaa i Forhold til Fortvivlelse er det Stigende er ikke at være det. Dog er atter denne Bestemmelse tvetydig. Det er ikke med det ikke at være fortvivlet som med det ikke at være halt, blind o. d.. Dersom det ikke at være fortvivlet hverken betyder mere eller mindre end det ikke at være det, saa er det netop at være det. Det ikke at være fortvivlet maa betyde den tilintetgjorte Mulighed af at kunne være det; hvis det skal være sandt, at et Menneske ikke er fortvivlet, maa han i ethvert Øieblik tilintetgjøre Muligheden. Saaledes er Forholdet mellem Mulighed og Virkelighed ellers ikke. Thi vel sige Tænkerne, * at Virkelighed er den tilintetgjorte Mulighed, men det er ikke ganske sandt, den er den udfyldte, den virksomme Mulighed. Her derimod er Virkeligheden (ikke at være fortvivlet), som derfor ogsaa er en Negtelse, den afmægtige, tilintetgjorte Mulighed; ellers er Virkelighed i Forhold til Mulighed en Bekræftelse, her en Benegtelse.

Fortvivlelse er Misforholdet i en Syntheses Forhold, som forholder sig til sig selv. Men Synthesen er ikke Misforholdet, den er blot Muligheden, eller, i Synthesen ligger Muligheden af Misforholdet. Var Synthesen Misforholdet, saa var Fortvivlelse slet ikke til, saa vilde Fortvivlelse være Noget, der laae i Menneskenaturen som saadan, det er, saa var det ikke Fortvivlelse; den vilde være Noget, der hændte Mennesket, Noget han leed, som en Sygdom, i hvilken Mennesket falder, eller som Døden, der er Alles Lod. Nei, det at fortvivle ligger i Mennesket selv; men var han ikke Synthese, kunde han slet ikke fortvivle, og var Synthesen ikke oprindeligt fra Guds Haand i det rette Forhold, kunde han heller ikke fortvivle.

Hvorfra kommer saa Fortvivlelsen? Fra Forholdet, hvori Synthesen forholder sig til sig selv, idet Gud, der gjorde Mennesket til Forholdet, ligesom slipper det ud af sin Haand, det er, idet Forholdet forholder sig til sig selv. Og deri, at Forholdet er Aand, er Selvet, deri ligger Ansvaret, under hvilket al Fortvivlelse er og er hvert Øieblik den er, hvor meget, og hvor sindrigt end skuffende sig selv og Andre, den Fortvivlede taler om sin Fortvivlelse som en Ulykke, ved en Forvexling som i hiint anførte Tilfælde af Svimmelhed, med hvilken Fortvivlelse, om end qvalitativ forskjellig, har meget tilfælles, da den under Bestemmelsen Sjel er hvad Fortvivlelse er under Bestemmelsen Aand, og svanger paa Analogier til Fortvivlelse.

Naar saa Misforholdet, Fortvivlelsen, er indtraadt, følger det saa af sig selv, at det vedbliver? Nei, det følger ikke af sig selv; hvis Misforholdet vedbliver, følger det ikke af Misforholdet, men af Forholdet, som forholder sig til sig selv. Dette vil sige, for hver Gang Misforholdet yttrer sig, og i ethvert Øieblik det er til, maa der gaaes tilbage til Forholdet. See, man taler om, at et Menneske paadrager sig en Sygdom, f. Ex. ved Uforsigtighed. Saa indtræder da Sygdommen, og fra det Øieblik gjør den sig gjældende og er nu en *Virkelighed*, hvis Oprindelse bliver mere og mere *forbigangen*. Det vilde være baade grusomt og umenneskeligt, om man i eet væk vilde vedblive at sige „i dette Øieblik paadrager Du, den Syge, Dig denne Sygdom“, det er, om man i ethvert Øieblik vilde opløse Sygdommens Virkelighed i dens Mulighed. Det er sandt, at han paadrog sig Sygdommen, men det gjorde han kun een Gang, Sygdommens Vedbliven er en simpel Affølge af, at han een Gang paadrog sig den, dens Fremgang ikke i ethvert Øieblik at henføre til ham som Aarsag; han paadrog sig den, men man kan ikke sige, han *paadrager* sig den. Anderledes med det at fortvivle; ethvert Fortvivlelsens virkelige Øieblik er at tilbageføre til Mulighed, hvert Øieblik han er fortvivlet, *paadrager* han sig det; det er bestandigt den nærværende Tid, der vorder intet i Forhold til Virkeligheden tilbagelagt Forbigangent; i ethvert Fortvivlelsens virkelige Øieblik bærer den Fortvivlede alt det Foregaaende i Muligheden som et Nærværende. Dette kommer deraf, at at fortvivle er en Bestemmelse af Aand, forholder sig til det Evige i Mennesket. Men det Evige kan han ikke blive af med, nei, i al Evighed ikke; han kan ikke een Gang for alle kaste det fra sig, Intet er umuligere; han maa i ethvert Øieblik, hvor han ikke har det, have kastet eller kaste det fra sig – men det kommer igjen, det er, hvert Øieblik han er fortvivlet, paadrager han sig det at fortvivle. Thi Fortvivlelsen følger ikke af Misforholdet, men af Forholdet, som forholder sig til sig selv. Og Forholdet til sig selv kan et Menneske ikke blive af med, saa lidet som med sit Selv, hvad da forøvrigt er Eet og det Samme, da jo Selvet er Forholdet til sig selv.

C

Fortvivlelse er: „Sygdommen til Døden“

Dette Begreb Sygdommen til Døden maa dog tages paa en egen Maade. Ligefrem betyder det en Sygdom, hvis Ende, hvis Udgang er Døden. Saaledes taler man om en dødelig Sygdom eenstydigt med en Sygdom til Døden. I den Forstand kan Fortvivlelse ikke kaldes Sygdommen til Døden. Men christeligt forstaaet er Døden selv en Gjennemgang til Livet. Forsaavidt er, christelig, ingen jordisk, legemlig Sygdom til Døden. Thi vistnok er Døden det sidste af Sygdommen, men Døden er ikke det Sidste. Skal der i strængeste Forstand være Tale om en Sygdom til Døden, maa det være en, hvor det Sidste er Døden, og hvor Døden er det Sidste. Og dette er just Fortvivlelse.

Dog er Fortvivlelse i en anden Forstand endnu bestemtere Sygdommen til Døden. Det er nemlig saa langt som muligt fra, at man, ligefrem forstaaet, døer af denne Sygdom, eller at denne Sygdom ender med den legemlige Død. Tværtimod, Fortvivlelsens Qval er netop ikke at kunne døe. Den har saaledes mere tilfælles med den Dødssyges Tilstand, naar han ligger og trækkes med Døden og ikke kan døe. Saaledes er det at være syg til Døden det ikke at kunne døe, dog ikke som var der Haab om Livet, nei Haabløsheden er, at selv det sidste Haab, Døden, ikke er. Naar Døden er den største Fare, haaber man paa Livet; men naar man lærer den end forfærdeligere Fare at kjende, haaber man paa Døden. Naar saa Faren er saa stor, at Døden er blevet Haabet, saa er Fortvivlelse den Haabløshed end ikke at kunne døe.

I denne sidste Betydning er da Fortvivlelse Sygdommen til Døden, denne qvalfulde Modsigelse, denne Sygdom i Selvet, evig at døe, at døe og dog ikke at døe, at døe Døden. Thi at døe, betyder at det er forbi, men at døe Døden betyder at opleve det at døe; og lader dette sig eet eneste Øieblik opleve, saa er det dermed for evig at opleve det. Skulde et Menneske døe af Fortvivlelse, som man døer af en Sygdom, saa maatte det Evige i ham, Selvet, kunne døe i samme Forstand som Legemet døer af Sygdommen. Men dette er en Umulighed; Fortvivlelsens Døen omsætter sig bestandigt i en Leven. Den Fortvivlede kan ikke døe; „saa lidet som Dolken kan dræbe Tanker", saa lidet kan Fortvivlelsen fortære det Evige, Selvet, der ligger til Grund for Fortvivlelsen, hvis Orm ikke døer, * og hvis Ild ikke udslukkes. Dog er Fortvivlelse just en *Selv* fortærelse, men en afmægtig Selvfortærelse, der ikke formaaer hvad den selv vil. Men hvad den selv vil er at fortære sig selv, hvilket den ikke formaaer, og denne Afmagt er en ny Form af Selvfortærelse, i hvilken dog Fortvivlelsen atter ikke formaaer hvad den vil, at fortære sig selv, det er en Potentsation eller Loven for Potentsationen. Dette er det Hidsende, eller det er den kolde Brand i Fortvivlelsen, dette Nagende, hvis Bevægelse er bestandigt ind efter, dybere og dybere i afmægtig Selvfortærelse. Det er saa langt fra at det er nogen Trøst for den Fortvivlede, at Fortvivlelsen ikke fortærer ham, det er lige det Modsatte, denne Trøst er just Qvalen, er just hvad der holder Naget ilive og Liv i Naget; thi just derover – ikke fortvivlede – men fortvivler han: at han ikke kan fortære sig selv, ikke kan blive af med sig selv, ikke kan blive til Intet. Dette er den potentserede Formel for Fortvivlelsen, Feberens Stigen i denne Selvets Sygdom.

En Fortvivlende fortvivler over *Noget*. Saaledes seer det et Øieblik ud, men det er kun et Øieblik; i samme Øieblik viser den sande Fortvivlelse sig eller Fortvivlelsen sig i sin Sandhed. Idet han fortvivlede over *Noget*, fortvivlede han egentlig over *sig selv*, og vil nu af med sig selv. Naar saaledes den Herskesyge, * hvis Løsen er „enten Cæsar eller slet Intet", ikke bliver Cæsar, saa fortvivler han derover. Men dette betyder noget Andet: at han, just fordi han ikke blev Cæsar, nu ikke kan udholde at være sig selv. Han fortvivler altsaa egentligen ikke over, at han ikke blev Cæsar, men over sig selv at han ikke blev Cæsar. Dette Selv, der, hvis det var blevet Cæsar, havde været ham al hans Lyst, i en anden Forstand forøvrigt lige saa fortvivlet, dette Selv er ham nu det Utaaleligste af Alt. Det er i dybere Forstand ikke det, der er ham det Utaalelige, at han ikke blev Cæsar, men dette Selv, som ikke blev Cæsar, er ham det Utaalelige, eller endnu rigtigere, det der er ham det Utaalelige, er, at han ikke kan blive af med sig selv. Naar han var blevet Cæsar, saa var han fortvivlet blevet af med sig selv; men nu blev han ikke Cæsar, og kan fortvivlet ikke blive af med sig selv. Væsentligen er han lige fortvivlet, thi han har ikke sit Selv, han er ikke sig selv. Ved at være blevet Cæsar var han dog ikke blevet sig selv, men af med sig selv; og ved ikke at blive Cæsar fortvivler han over ikke at kunne blive af med sig selv. Det er derfor en overfladisk Betragtning (der da formodentligen aldrig har seet en Fortvivlet, end ikke sig selv), naar man om en Fortvivlet siger, som var dette hans Straf: han fortærer sig selv. Thi netop det er det han fortvivlet, og netop det er det, han til sin Qval ikke kan, da der ved Fortvivlelsen er gaaet Ild i Noget, som ikke kan brænde, eller ikke forbrænde, i Selvet.

At fortvivle over Noget er altsaa endnu ikke egentlig Fortvivlelse. Det er Begyndelsen, eller det er, som naar Lægen siger om en Sygdom, den har endnu ikke erklæret sig. Det Næste er den erklærede Fortvivlelse, at fortvivle over sig selv. En ung Pige fortvivler af Elskov, altsaa hun fortvivler over Tabet af den Elskede, at han døde, eller at han blev hende utro. Dette er ingen erklæret Fortvivlelse, nei, hun fortvivler over sig selv. Dette hendes Selv, som hun, hvis det var blevet „hans" Elskede, paa den livsaligste Maade var blevet af med, eller havde tabt, dette Selv er hende nu en Plage, naar det skal være et Selv uden „ham"; dette Selv, der var blevet hende, forøvrigt i en anden Forstand ligesaa fortvivlet, hendes Rigdom, er nu blevet hende en modbydelig Tomhed, da „han" er død, eller det er blevet hende en Afsky, da det minder hende om, at hun er bedragen. Forsøg det nu, siig til en saadan Pige: Du fortærer Dig selv, og Du skal høre hun svarer: „o, nei Qvalen er just, at jeg ikke kan det."

At fortvivle over sig, fortvivlet at ville af med sig selv, er Formelen for al Fortvivlelse, saa derfor den anden Form for Fortvivlelse, fortvivlet at ville være sig selv, kan føres tilbage til den første, fortvivlet ikke at ville være sig selv, ligesom vi i det Foregaaende opløste den Form fortvivlet ikke at ville være sig selv i den fortvivlet at ville være sig selv (cfr. A.). En Fortvivlende vil fortvivlet være sig selv. Men naar han fortvivlet vil være sig selv, saa vil han jo ikke af med sig selv. Ja, saa synes det; men naar man seer nærmere til, seer man dog, at Modsigelsen er den samme. Det Selv, han fortvivlet vil være, er et Selv han ikke er (thi at ville være det Selv, han i Sandhed er, jo er lige det Modsatte af Fortvivlelse), han vil nemlig løsrive sit Selv fra den Magt, som satte det. Men dette formaaer han trods al Fortvivlen ikke; trods al Fortvivlelsens Anstrængelse er hiin Magt den stærkere, og tvinger ham til at være det Selv, han ikke vil være. Men saaledes vil han jo dog af med sig selv, af med det Selv, han er, for at være det Selv, han selv har hittet paa. At være Selv, som han vil det, det vilde, om end i en anden Forstand lige saa fortvivlet, være ham al hans Lyst; men at tvinges til at være Selv, som han ikke vil være det, det er hans Qval, den er, at han ikke kan blive af med sig selv.

Socrates beviste* Sjelens Udødelighed af, at Sjelens Sygdom (Synden) ikke fortærer denne, som Legemets Sygdom fortærer Legemet. Saaledes kan man ogsaa bevise det Evige i et Menneske deraf, at Fortvivlelsen ikke kan fortære hans Selv, at dette just er Modsigelsens Qval i Fortvivlelsen. Var der intet Evigt i et Menneske, saa kunde han slet ikke fortvivle, men kunde Fortvivlelsen fortære hans Selv, saa var der alligevel ingen Fortvivlelse til.

Saaledes er Fortvivlelse, denne Sygdom i Selvet, Sygdommen til Døden. Den Fortvivlede er dødssyg. Det er i en ganske anden Forstand end det gjælder om nogen Sygdom, de ædleste Dele, Sygdommen har angrebet; og dog kan han ikke døe. Døden er ikke Sygdommens Sidste, men Døden er i eet væk det Sidste. At frelses fra denne Sygdom ved Døden er en Umulighed, thi Sygdommen og dens Qval – og Døden er just ikke at kunne døe.

Denne er Tilstanden i Fortvivlelse. Om det end nok saa meget undgaaer den Fortvivlede, om det end nok saa meget (hvilket da især maa gjælde om den Art Fortvivlelse, der er Uvidenhed om at være Fortvivlelse) lykkes den Fortvivlede ganske at have tabt sit Selv, og tabt det saaledes, at det ikke mærkes i mindste Maade: Evigheden vil saa dog gjøre det aabenbart, at hans Tilstand var Fortvivlelse, og fornagle ham hans Selv, saa Qvalen dog bliver, at han ikke kan blive af med sit Selv, og det bliver aabenbart, at det var en Indbildning med, at det var lykkedes ham. Og saaledes maa Evigheden gjøre, fordi det at have et Selv, at være et Selv, er den største, den uendelige Indrømmelse, der er gjort Mennesket, men tillige Evighedens Fordring paa ham.

B

Denne Sygdoms (Fortvivlelsens) Almindelighed

Som vel Lægen maa sige, at der maaskee ikke lever eet eneste Menneske der er ganske sund, saaledes maatte man, hvis man ret kjendte Mennesket, sige, at der ikke lever eet eneste Menneske, uden at han jo dog er lidt fortvivlet, uden at der dog inderst inde boer en Uro, en Ufred, en Disharmoni, en Angest for et ubekjendt Noget, eller for et Noget han end ikke tør stifte Bekjendtskab med, en Angest for en Tilværelsens Mulighed eller en Angest for sig selv, saa han dog, som Lægen taler om at gaae med en Sygdom i Kroppen, gaaer med en Sygdom, gaaer og bærer paa en Aandens Sygdom, der en enkelt Gang glimtviis, ved og med en ham selv uforklarlig Angest, lader sig mærke med, at den er derinde. Og i ethvert Tilfælde har der intet Menneske levet og der lever intet Menneske udenfor Christenheden, uden at han er fortvivlet, og i Christenheden Ingen, forsaavidt han ikke er sand Christen; og forsaavidt han ikke ganske er dette, er han dog noget fortvivlet.

Denne Betragtning vil vistnok synes mange et Paradox, en Overdrivelse, derhos en mørk og forstemmende Anskuelse. Dog er den Intet af alt Dette. Den er ikke mørk, den søger tværtimod at skaffe Lys i hvad man almindeligviis lader staae hen i en vis Dunkelhed; den er ikke forstemmende, tværtimod opløftende, da den betragter ethvert Menneske under Bestemmelsen af den høieste Fordring til ham, at være Aand; den er heller ikke et Paradox, tværtimod en conseqvent gjennemført Grund-Anskuelse, og forsaavidt da heller ingen Overdrivelse.

Den almindelige Betragtning af Fortvivlelse bliver derimod staaende ved Tilsyneladelsen, og er saaledes en overfladisk Betragtning, det er, ingen Betragtning. Den antager, at ethvert Menneske jo bedst maa vide med sig selv, om han er fortvivlet eller ikke. Den der da siger sig selv at være det, han ansees for fortvivlet, men Den der mener sig selv ikke at være det, han ansees heller ikke derfor. Som en Følge heraf bliver Fortvivlelse et sjeldnere Phænomen, istedetfor at den er det ganske Almindelige. Det er ikke det Sjeldne, at En er fortvivlet; nei, det er det Sjeldne, det saare Sjeldne, at En i Sandhed ikke er det.

Men den vulgaire Betragtning forstaaer sig meget daarligt paa Fortvivlelse. Den overseer saaledes blandt Andet ganske (for blot at nævne dette, der dog rigtigt forstaaet bringer Tusinder og Tusinder og Millioner ind under Bestemmelsen Fortvivlelse), den overseer ganske, at det just er en Form af Fortvivlelse det ikke at være det, det ikke at være sig bevidst, at man er det. Det gaaer i en langt dybere Forstand den vulgaire Betragtning i Forhold til at opfatte Fortvivlelse, som det stundom gaaer den i Forhold til at bestemme, om et Menneske er syg eller ikke – i en langt dybere Forstand; thi den vulgaire Betragtning forstaaer sig endnu langt mindre paa, hvad Aand er (og uden det kan man heller ikke forstaae sig paa Fortvivlelse) end paa Sygdom og Sundhed. I Almindelighed antager man, at et Menneske, naar han ikke selv siger, at han er syg, er rask, end sige, naar han selv siger, at han er rask. Lægen derimod betragter Sygdommen anderledes. Og hvorfor? Fordi Lægen har en bestemt og udviklet Forestilling om, hvad det er at være sund, og efter denne prøver han et Menneskes Tilstand. Lægen veed, at som der er en Sygdom, der kun er Indbildning, saaledes ogsaa en Sundhed; han anvender derfor i sidste Tilfælde først Midler, for at faae Sygdommen til at blive aabenbar. Overhovedet har Lægen, just fordi han er Læge (den Indsigtsfulde) ikke ubetinget Tiltro til Menneskets eget Udsagn om sit Befindende. Hvis det var Tilfældet, at hvad ethvert Menneske sagde om sit Befindende, om han er sund eller syg, om hvor han lider o. s. v., var ubetinget til at stole paa, saa var det at være Læge en Indbildning. Thi en Læge har ikke blot at foreskrive Lægemidlerne, men først og fremmest at kjende Sygdommen, og altsaa igjen først og fremmest at kjende, om den formeentligen Syge virkelig er syg, eller om den formeentligen Sunde maaskee er virkelig syg. Saaledes ogsaa med den Sjelekyndiges Forhold til Fortvivlelse. Han veed, hvad Fortvivlelse er, han kjender den og nøies derfor ikke hverken med det Udsagn af et Menneske, at han ikke er fortvivlet, eller, at han er det. Det maa nemlig bemærkes, at i en vis Forstand ere end ikke altid De fortvivlede, der sige sig at være det. Man kan jo affectere Fortvivlelse, og man kan tage feil og forvexle Fortvivlelse, som er en Aandens Bestemmelse, med allehaande transitorisk Forstemthed, Sønderrevethed, der atter gaaer over uden at bringe det til Fortvivlelse. Imidlertid anseer rigtignok den Sjelekyndige ogsaa dette for Former af Fortvivlelse; han seer meget godt at det er Affectation – men just denne Affectation er Fortvivlelse; han seer meget godt, at denne Forstemthed o. s. v. ikke har stort at betyde – men just Dette, at den ikke har og ikke faaer stort at betyde, er Fortvivlelse.

Den vulgaire Betragtning overseer fremdeles, at Fortvivlelse, sammenlignet med en Sygdom, er anderledes dialectisk end hvad man ellers kalder Sygdom, fordi den er en Aandens Sygdom. Og dette Dialectiske, rigtigt forstaaet, bringer atter Tusinder ind under Bestemmelsen Fortvivlelse. Dersom nemlig en Læge i et givet Øieblik har forvisset sig om, at Den og Den er sund – og han saa i et senere Øieblik bliver syg: saa kan Lægen have Ret i, at dette Menneske *var* dengang rask, nu derimod *er* han syg. Anderledes med Fortvivlelse. Saasnart Fortvivlelse viser sig, saa viser det sig, at Mennesket var fortvivlet. Forsaavidt kan man i intet Øieblik afgjøre Noget om et Menneske, der ikke er frelst ved at have været fortvivlet. Thi naar, dersom Det indtræder, som bringer ham til Fortvivlelse, saa bliver det i samme Øieblik aabenbart, at han hele sit foregaaende Liv igjennem har været fortvivlet. Ingenlunde kan man derimod sige, naar En faaer Feber, at det nu bliver aabenbart, at han har havt Feber hele sit Liv igjennem. Men Fortvivlelse er en Aandens Bestemmelse, forholder sig til det Evige, og har derfor noget af det Evige i sin Dialectik.

Fortvivlelse er ikke blot anderledes dialectisk end en Sygdom, men i Forhold til Fortvivlelse ere alle Kjendetegn dialectiske, og derfor skuffes den overfladiske Betragtning saa let i at bestemme, om Fortvivlelse er tilstede eller ikke. Det ikke at være fortvivlet kan nemlig betyde just at være fortvivlet, og det kan betyde at være frelst fra at være fortvivlet. Tryghed og Beroligelse kan betyde at være fortvivlet, just denne Tryghed, denne Beroligelse kan være Fortvivlelsen; og det kan betyde at have overvundet Fortvivlelse og vundet Fred. Det er ikke med det ikke at være fortvivlet, som med det ikke at være syg; thi det ikke at være syg kan dog ikke være det at være syg, men det ikke at være fortvivlet kan just være det at være fortvivlet. Det er ikke med Fortvivlelse som med en Sygdom, at Ildebefindendet er Sygdommen. Ingenlunde. Ildebefindendet er atter dialectisk. Det aldrig at have fornummet dette Ildebefindende, er just at være fortvivlet.

Dette vil sige, og har sin Grund i, at som Aand betragtet (og skal man tale om Fortvivlelse maa man betragte Mennesket under Bestemmelsen Aand) er Menneskets Tilstand altid critisk. Man taler i Forhold til Sygdom om en Crisis, men ikke i Forhold til Sundhed. Og hvorfor ikke? Fordi legemlig Sundhed er en umiddelbar Bestemmelse, som først bliver dialectisk i Sygdommens Tilstand, hvor der saa bliver Tale om Crisen. Men aandelig, eller naar Mennesket betragtes som Aand, er baade Sundhed og Sygdom critisk; der gives ingen umiddelbar Aandens Sundhed.

Saasnart man ikke betragter Mennesket under Bestemmelsen Aand (og hvis ikke, kan man heller ikke tale om Fortvivlelse), men kun som sjelelig-legemlig Synthese, saa er Sundhed en umiddelbar Bestemmelse, og Sjelens eller Legemets Sygdom først den dialectiske Bestemmelse. Men Fortvivlelse er just, at Mennesket ikke er sig bevidst at være bestemmet som Aand. Selv hvad der menneskelig talt er det Skjønneste og Elskeligste af Alt, en qvindelig Ungdommelighed, der er idel Fred og Harmoni og Glæde: det er dog Fortvivlelse. Dette er nemlig Lykke, men Lykke er ingen Bestemmelse af Aand, og langt, langt inde, inderst inde i Lykkens skjulteste Forborgenhed, der boer ogsaa Angesten, som er Fortvivlelsen; den vil saa gjerne have Lov til at blive derinde, thi det er Fortvivlelsen dens kjereste, dens meest udsøgte Sted at boe: inderst inde i Lykken. Al Umiddelbarhed er trods sin illusoriske Tryghed og Ro Angest, og derfor ganske conseqvent meest angest for Intet; man gjør ikke Umiddelbarheden saa angest ved den meest gysende Beskrivelse af det forfærdeligste Noget, som ved et underfundigt, næsten skjødesløst, men dog med Reflexionens sikkert beregnende Sigte henkastet halvt Ord om et Ubestemt, ja man gjør Umiddelbarheden allermeest angest ved paa en listig Maade at paadutte den, at den selv nok veed, hvad det er man taler om. Thi vistnok veed Umiddelbarheden det ikke; men aldrig fanger Reflexionen saa sikkert som naar den danner sin Snare af Intet, og aldrig er Reflexionen saaledes sig selv, som naar den er – Intet. Der skal en eminent Reflexion, eller rettere der skal en stor Tro til for at kunne udholde Intets, det er, den uendelige Reflexion. Altsaa selv det Skjønneste og Elskeligste af Alt, en qvindelig Ungdommelighed er dog Fortvivlelse, er Lykke. Det lykkes vel derfor heller ikke at slippe Livet igjennem paa denne Umiddelbarhed. Og lykkes det denne Lykke at slippe igjennem, ja, det hjælper kun lidet, thi det er Fortvivlelse. Fortvivlelse er nemlig, just fordi den er heelt dialectisk, den Sygdom, om hvilken det gjælder, at det er den største Ulykke aldrig at have havt den – en sand Guds Lykke at faae den, om det end er den allerfarligste Sygdom, naar man ikke vil helbredes fra den. Ellers kan der dog kun være Tale om, at det er en Lykke at blive helbredet fra en Sygdom, Sygdommen selv er Ulykken.

Det er derfor saa langt som muligt fra, at den vulgaire Betragtning har Ret, som antager, at Fortvivlelse er det Sjeldne, den er tværtimod det ganske Almindelige. Det er saa langt som muligt fra, at den vulgaire Betragtning har Ret, som antager, at Enhver, der ikke mener eller føler sig at være fortvivlet, heller ikke er det, og at kun Den er det, der siger sig at være det. Tværtimod Den, der uden Affectation siger sig at være det, er dog lidt, er et Dialektisk nærmere ved at helbredes end alle De, som ikke ansees for og ikke ansee sig selv for fortvivlede. Men just dette er, hvad vistnok den Sjelekyndige vil give mig Ret i, det Almindelige, at de fleste Mennesker leve uden ret at blive sig bevidste at være bestemte som Aand – og deraf al den saakaldte Tryghed, Tilfredshed med Livet o. s. v., o. s. v., hvad just er Fortvivlelse. De, der derimod sige sig at være fortvivlede, ere ordentligviis enten Dem, der have en saa meget dybere Natur, at de maae blive sig bevidste som Aand, eller Dem, hvem tunge Begivenheder og forfærdelige Afgjørelser have hjulpet hen til at blive sig bevidste som Aand – det er enten Dem eller Dem; thi saare sjelden er vistnok Den, der i Sandhed ikke er fortvivlet.

O, der tales saa meget om menneskelig Nød og Elendighed – jeg søger at forstaae det, har ogsaa kjendt Adskilligt deraf nærved; der tales saa meget om at forspilde et Liv: men kun det Menneskes Liv var forspildt, der levede saaledes hen, bedragen af Livets Glæder eller af dets Sorger, at han aldrig evigt afgjørende blev sig bevidst som Aand, som Selv, eller hvad der er det Samme, aldrig blev opmærksom paa, og i dybeste Forstand fik Indtrykket af, at der er en Gud til, og „han", han Selv, hans Selv til for denne Gud, hvilken Uendelighedens Vinding aldrig naaes uden gjennem Fortvivlelse. Ak, og denne Elendighed, at der leve saa Mange saaledes hen, bedragne for den saligste af alle Tanker, denne Elendighed, at man beskjæftiger sig, eller i Forhold til Menneskenes Mængde beskjæftiger dem med alt Andet, bruger dem til at afgive Kræfterne i Livets Skuespil, men aldrig minder dem om denne Salighed, at man sammenhober dem – og bedrager dem, istedetfor at splitte dem ad, at hver Enkelt maa vinde det Høieste, det Eneste, der er værd at leve for, og nok for en Evighed at leve i: mig synes, jeg kunde græde en Evighed over, at denne Elendighed er til! O, og dette er i mine Tanker eet Rædselens Udtryk mere for denne af alle forfærdeligste Sygdom og Elendighed: dens Skjulthed, ikke blot, at Den, der lider af den, kan ønske at skjule den og kan formaae det, at den kan boe i et Menneske saaledes, at Ingen, Ingen opdager den, nei, at den kan være saaledes skjult i et Menneske, at han ikke selv veed af det! O, og naar saa engang Timeglasset er udrundet, Timelighedens Timeglas; naar Verdslighedens Larm er forstummet, og den rastløse eller uvirksomme Travlhed fik en Ende; naar Alt er stille om Dig, som det er i Evigheden – hvad enten Du var Mand eller Qvinde, Riig eller Fattig, Afhængig eller Uafhængig, Lykkelig eller Ulykkelig; hvad enten Du bar Kronens Glands i Høihed, eller i ringe Ubemærkethed kun Dagens Møie og Hede; hvad enten Dit Navn skal mindes saa længe Verden staaer, og altsaa er mindet saa længe den stod, eller Du, uden Navn, som Navnløs løb med i den talløse Mængde; hvad enten den Herlighed som omgav Dig overgik al menneskelig Beskrivelse, eller Dig overgik den strengeste og meest vanærende menneskelige Dom: Evigheden spørger Dig, og hver Enkelt i disse Millioner Millioner, kun om Eet, om Du har levet fortvivlet eller ikke, om saaledes fortvivlet, at Du ikke vidste af at Du var fortvivlet, eller saaledes, at Du skjult bar denne Sygdom i Dit Inderste, som Din nagende Hemmelighed, som en syndig Kjerligheds Frugt under Dit Hjerte, eller saaledes, at Du, en Rædsel for Andre, rasede i Fortvivlelse. Og hvis saa, hvis Du har levet fortvivlet, hvad Du end forresten vandt eller tabte, saa er for Dig Alt tabt, Evigheden vedkjender sig Dig ikke, den kjendte Dig aldrig, eller end forfærdeligere, den kjender Dig som Du er kjendt, den sætter Dig fast ved Dit Selv i Fortvivlelsen!

C
Denne Sygdoms (Fortvivlelsens) Skikkelser

Fortvivlelsens Skikkelser* maae abstrakt lade sig udfinde ved at reflektere paa de Momenter, hvoraf Selvet, som Synthese, bestaaer. Selvet er dannet af Uendelighed og Endelighed. Men denne Synthese er et Forhold, og et Forhold, der, om end deriveret, forholder sig til sig selv, hvilket er Frihed. Selvet er Frihed. Men Frihed er det Dialektiske i Bestemmelserne Mulighed og Nødvendighed.

Hovedsagelig maa dog Fortvivlelse betragtes under Bestemmelsen: Bevidsthed; det om Fortvivlelse er bevidst eller ikke, er det qvalitativ Forskjellige mellem Fortvivlelse og Fortvivlelse. Al Fortvivlelse er vistnok i Begrebet seet bevidst; men deraf følger ikke, at Den, i hvem den er, Den som begrebsrigtigt maa kaldes fortvivlet, er sig det bevidst. Saaledes er Bevidstheden det Afgjørende. Overhovedet er Bevidsthed, ?: Selvbevidsthed, det Afgjørende i Forhold til Selvet. Jo mere Bevidsthed jo mere Selv; jo mere Bevidsthed jo mere Villie, jo mere Villie jo mere Selv. Et Menneske, der slet ingen Villie har, er intet Selv; men jo mere Villie han har, jo mere Selvbevidsthed har han ogsaa.

A
Fortvivlelse betragtet saaledes, at der ikke reflekteres paa, om den er bevidst eller ikke, saa der altsaa blot reflekteres paa Synthesens Momenter
a) Fortvivlelse seet under Bestemmelsen Endelighed – Uendelighed.

Selvet er den bevidste Synthese af Uendelighed og Endelighed, der forholder sig til sig selv, hvis Opgave er at vorde sig selv, hvilket kun lader sig gjøre ved Forholdet til Gud. Men at vorde sig selv er at vorde concret. Men at vorde concret er hverken at blive endelig eller at blive uendelig, thi det der skal vorde concret er jo en Synthese. Udviklingen maa altsaa bestaae i uendeligt at komme bort fra sig selv i Uendeliggjørelse af Selvet, og i uendeligt at komme tilbage til sig selv i Endeliggjørelsen. Vorder derimod Selvet ikke sig selv, saa er det fortvivlet, enten det veed af det eller ikke. Dog er et Selv i ethvert Øieblik, det er til, i Vorden, thi Selvet κατα δυναμιν* er ikke virkeligt til, er blot Det, der skal blive til. Forsaavidt da Selvet ikke vorder sig selv, er det ikke sig selv; men det ikke at være sig selv er just Fortvivlelse.

α. Uendelighedens Fortvivlelse er at mangle Endelighed.

At dette er saaledes, ligger i det Dialektiske at Selvet er en Synthese, hvorfor det Ene bestandigt er sit Modsatte. Ingen Form af Fortvivlelse kan man bestemme ligefrem (?: udialektisk), men kun ved at reflektere paa dens Modsatte. Man kan beskrive den Fortvivledes Tilstand i Fortvivlelsen ligefrem, som en Digter jo gjør det, ved at give ham Replikken. Men bestemme Fortvivlelsen kan man kun ved dens Modsatte; og skal Replikken være digterisk værdifuld, maa den i Udtrykkets Colorit indeholde Reflexen af den dialektiske Modsætning. Altsaa, enhver menneskelig Existents, der formeentligen er blevet eller blot vil være uendelig, ja ethvert Øieblik, i hvilket en menneskelig Existents er blevet eller blot vil være uendelig, er Fortvivlelse. Thi Selvet er Synthesen, hvor det Endelige er det Begrændsende, det Uendelige det Udvidende. Uendelighedens Fortvivlelse er derfor det Phantastiske, det Grændseløse; thi kun da er Selvet sundt og frit fra Fortvivlelse, naar det, just ved at have fortvivlet, sig selv gjennemsigtigt grunder i Gud.

Det Phantastiske forholder sig vistnok nærmest til Phantasien; men Phantasien forholder sig igjen til Følelse, Erkjendelse, Villie, saa et Menneske kan have en phantastisk Følelse, Erkjendelse, Villie. Phantasien er overhovedet det Uendeliggjørendes Medium; den er ikke nogen Evne som de andre Evner – hvis man vil tale saaledes, er den Evnen *instar omnium.** Hvad Følelse, Erkjendelse, Villie et Menneske har, beroer dog til syvende og sidst paa, hvad Phantasie han har, det vil sige paa, hvorledes Dette reflekterer sig, ?: paa Phantasien. Phantasien er den uendeliggjørende Reflexion, hvorfor den gamle Fichte* ganske rigtigt antog, selv i Forhold til Erkjendelsen, at Phantasien er Kategoriernes Oprindelse. Selvet er Reflexion, og Phantasien er Reflexion, er Selvets Gjengivelse, hvilken er Selvets Mulighed. Phantasien er al Reflexions Mulighed; og dette Mediums Intensitet er Muligheden af Selvets Intensitet.

Det Phantastiske er overhovedet Det, som fører et Menneske saaledes ud i det Uendelige, at det blot fører ham bort fra sig og derved afholder ham fra at komme tilbage til sig selv.

Naar Følelsen saaledes bliver phantastisk, da forflygtiges Selvet blot mere og mere, det bliver tilsidst en Slags abstrakt Følsomhed, der umenneskeligt ikke tilhører noget Menneske, men umenneskeligt saa at sige følsomt participerer i et eller andet Abstraktums Skjebne, f. Ex. Menneskeheden *in abstracto*. Som den Gigtsvage ikke er sin sandselige Følelse mægtig, men denne er i Vindens og Veierligets Vold, saa han uvilkaarligt mærker det paa sig, naar der er Forandring i Luften o. s. v., saaledes med Den, hvis Følelse er blevet phantastisk, han bliver paa en Maade uendeliggjort, men ikke saaledes, at han mere og mere vorder sig selv, thi han taber mere og mere sig selv.

Ligesaa med Erkjendelsen, naar den bliver phantastisk. Loven for Selvets Udvikling i Henseende til Erkjendelse, forsaavidt det da skal være sandt, at Selvet vorder sig selv, er, at Erkjendelsens stigende Grad svarer til Selverkjendelsens Grad, at Selvet, jo mere det erkjender, desto mere erkjender sig selv. Skeer dette ikke, da bliver Erkjendelsen, jo mere den stiger, desto mere en Art umenneskelig Erkjenden, paa hvis Tilveiebringelse Menneskets Selv ødsles, omtrent som der ødsledes Mennesker paa at bygge Pyramider, eller der i hiin russiske Hornmusik* ødsledes Mennesker paa at være en Takt, hverken mere eller mindre.

Naar Villien bliver phantastisk, saa forflygtiges ligeledes Selvet mere og mere. Villien bliver da ikke bestandigt i samme Grad concret som abstract, saa den, jo mere den uendeliggjøres i Forsæt og Beslutning, bliver desto mere og mere sig selv ganske nærværende og samtidig i den lille Deel af Opgaven, som lader sig udføre nu strax, saa den i at uendeliggjøres kommer i strengeste Forstand tilbage til sig selv, saa den *længst borte* fra sig selv (naar den er meest uendeliggjort i Forsæt og Beslutning) er sig selv i samme Øieblik *allernærmest* i at udføre den uendelig lille

Deel af Arbeidet, hvilken lader sig udføre endnu idag, endnu i denne Time, endnu i dette Øieblik.

Og naar saa Følelse eller Erkjendelse eller Villie er blevet phantastisk, saa kan tilsidst hele Selvet blive det, hvad enten det nu er en mere aktiv Form, at Mennesket styrter sig i det Phantastiske, eller en mere lidende Form, at han rives hen, men i begge Tilfælde ansvarlig. Selvet fører saa en phantastisk Existents i abstrakt Uendeliggjørelse eller i abstrakt Isolation, bestandigt manglende sit Selv, hvorfra det blot kommer mere og mere bort. Saaledes f. Ex. paa det religieuse Gebeet. Gudsforholdet er Uendeliggjørelse; men denne Uendeliggjørelse kan phantastisk rive et Menneske saaledes hen, at det blot bliver en Beruselse. Det kan være et Menneske som var det ikke til at holde ud at være til for Gud, fordi nemlig Mennesket ikke kan komme tilbage til sig selv, blive sig selv. En saadan phantastisk Religieus vilde sige (for at charakterisere ham ved Hjælp af Replik): „at en Spurv kan leve er begribeligt, den veed ikke af, at den er til for Gud. Men at vide, at man er til for Gud, og saa ikke i samme Øieblik at blive afsindig eller at blive til Intet!"

Men fordi et Menneske saaledes er blevet phantastisk, og derfor fortvivlet, saa kan han dog, skjøndt det oftest bliver aabenbart, ret godt leve hen, være Menneske som det synes, beskjæftiget med det Timelige, gifte sig, avle Børn, være æret og anseet – og man mærker det maaskee ikke, at han i dybere Forstand mangler et Selv. Sligt gjøres der i Verden ikke store Ophævelser over; thi et Selv er Det, der mindst spørges om i Verden, og er Det, som det meest af Alt er farligt at lade sig mærke med at man har. Den største Fare, den at tabe sig selv, kan i Verden gaae saa stille af som var det Ingenting. Intet Tab kan gaae saa stille af; ethvert andet Tab, en Arm, et Been, 5 Rbd., en Hustru o. s. v., bemærkes dog.

β) Endelighedens Fortvivlelse er at mangle Uendelighed.

At Dette er saaledes, ligger, som viist blev under α, i det Dialektiske, at Selvet er en Synthese, hvorfor det Ene er sit Modsatte. *

At mangle Uendelighed er fortvivlet Begrændsethed, Bornerethed. Hermed er dog naturligviis kun, ethisk, Tale om Bornerethed og Indskrænkethed. I Verden tales der egentlig blot om intellectuel eller æsthetisk Indskrænkethed eller om det Ligegyldige, om hvilket der da altid er meest Tale i Verden; thi Verdslighed er just at tillægge det Ligegyldige uendelig Værd. Den verdslige Betragtning klamrer sig altid fast om Differentsen mellem Menneske og Menneske, har, som naturligt (thi at have det er Aandelighed) ingen Forstand paa det ene Fornødne, og derfor ingen Forstand paa den Indskrænkethed og Bornerethed, der er at have tabt sig selv, ikke ved at forflygtiges i det Uendelige, men ved aldeles at endeliggjøres, ved istedetfor at være et Selv at være blevet et Tal, eet Menneske mere, een Gjentagelse mere af dette evindelige Einerlei.

Den fortvivlede Bornerethed er at mangle Primitivitet, eller at have berøvet sig sin Primitivitet, at have, aandelig forstaaet, afmandet sig selv. Ethvert Menneske er nemlig primitivt anlagt som et Selv, bestemt til at blive sig selv; og vistnok er ethvert Selv som saadant kantet, men deraf følger blot, at det skal tilslibes, ikke at det skal afslibes, ikke at det af Menneskefrygt aldeles skal opgive at være sig selv, eller endog blot af Menneskefrygt ikke turde være sig selv i den sin væsentligere Tilfældighed (hvilken netop ikke skal afslibes), i hvilken man dog er sig selv for sig selv. Men medens een Art Fortvivlelse styrer vild i det Uendelige og taber sig selv, saa lader en anden Art af Fortvivlelse sig ligesom sit Selv franarre af „de Andre.“ Ved at see den Mængde Mennesker omkring sig, ved at faae travlt med allehaande verdslige Anliggender, ved at blive klog paa, hvorledes det gaaer til i Verden, glemmer saa et saadant Menneske sig selv, hvad han, guddommelig forstaaet, hedder, tør ikke troe paa sig selv, finder det for voveligt at være sig selv, langt lettere og sikkrere at være som de Andre, at blive en Efterabelse, at blive Numerus, med i Mængden.

Denne Form af Fortvivlelse bliver man nu saa godt som slet ikke opmærksom paa i Verden. Et saadant Menneske har just ved saaledes at tabe sig selv vundet Perfectibilitet til ret at gaae med i Handel og Vandel, ja til at gjøre Lykke i Verden. Her er intet Sinkeri, ingen Vanskelighed med hans Selv og dets Uendeliggjørelse, han er afslebet som en Rullesten, courant som en gangbar Mynt. Det er saa langt fra at Nogen anseer ham for fortvivlet, at han just er et Menneske som sig bør. Overhovedet har Verden, som naturligt, ingen Forstand paa det sande Forfærdelige. Den Fortvivlelse, som ikke blot ikke volder En Uleilighed i Livet, men gjør En Livet beqvemt og mageligt, den ansees naturligviis paa ingen Maade for Fortvivlelse. At dette er Verdens Betragtning seer man blandt Andet ogsaa næsten af alle Ordsprog, hvilke blot ere Klogskabsregler. Man siger saaledes, at man fortryder ti Gange at have talet for een Gang at have tiet, og hvorfor? Fordi det at have talet som et udvortes Faktum kan vikle En ind i Ubehageligheder, da det er en Virkelighed. Men det at have tiet! Og dog er det det Allerfarligste. Thi ved at tie er Mennesket ene overladt til sig selv; her kommer Virkeligheden ham ikke til Hjælp ved at straffe ham, ved at bringe Følgerne af hans Tale over ham. Nei, i den Henseende er det let gjort med at tie. Men derfor frygter Den, der veed hvad det Forfærdelige er, just af Alt meest ethvert Misgreb, enhver Synden, der tager Retningen ind efter, og intet Spor efterlader i det Udvortes. Det er saaledes i Verdens Øine farligt at vove, og hvorfor? Fordi man saa kan tabe. Men det ikke at vove, det er klogt. Og dog, ved ikke at vove kan man just saa forfærdelig let tabe, hvad man dog, hvor meget man end. tabte ved at vove, vanskeligt tabte, og i ethvert Tilfælde aldrig saaledes, saa let, saa ganske som var det Ingenting – sig selv. Thi har jeg vovet forkeert, nu vel, saa hjælper Livet mig med Straffen. Men har jeg slet ikke vovet, hvo hjælper mig saa? Og naar jeg ovenikjøbet ved slet ikke i høieste Forstand at vove (og at vove i høieste Forstand er just at blive opmærksom paa sig selv) feigt vinder alle jordiske Fordele – og taber mig selv!

Og saaledes er det just med Endelighedens Fortvivlelse. Fordi et Menneske saaledes er fortvivlet, derfor kan han meget godt, og egentligen netop desto bedre, leve hen i Timeligheden, være Menneske som det synes, være priset af Andre, æret og anseet, beskjæftiget med alle Timelighedens Formaal. Ja just det man kalder Verdsligheden bestaaer af lutter saadanne Mennesker, der, om man saa kan sige, forskrive sig til Verden. De bruge deres Evner, samle Penge, udføre verdslige Bedrifter, beregne klogt, o. s. v. o. s. v., blive maaskee nævnte i Historien, men dem selv ere de ikke, de have, aandelig forstaaet, intet Selv, intet Selv for hvis Skyld de kunde vove Alt, intet Selv for Gud – hvor selviske de end forresten ere.

b) Fortvivlelse seet under Bestemmelsen Mulighed – Nødvendighed.

For at vorde (og Selvet skal jo frit vorde sig selv) er Mulighed og Nødvendighed lige væsentlige. Ligesom der til Selvet hører Uendelighed og Endelighed (απει?ον-πε?ας), * saaledes ogsaa Mulighed og Nødvendighed. Et Selv, der ingen Mulighed har, er fortvivlet, og ligesaa et Selv, der ingen Nødvendighed har.

α) Mulighedens Fortvivlelse er at mangle Nødvendighed.

At Dette er saaledes, ligger, som viist blev, i det Dialektiske.

Ligesom Endelighed er det Begrændsende i Forhold til Uendelighed, saaledes er Nødvendighed i Forhold til Mulighed Det, der holder igjen. Idet Selvet, som Synthese af Endelighed og Uendelighed, er sat, er κατα δυναμιν, for nu at vorde, reflekterer det sig i Phantasiens Medium, og derved viser den uendelige Mulighed sig. Selvet er κατα δυναμιν lige saa meget muligt som nødvendigt; thi det er jo sig selv, men det skal vorde sig selv. Forsaavidt det er sig selv, er det Nødvendigt, og forsaavidt det skal vorde sig selv, er det en Mulighed.

Løber nu Muligheden Nødvendigheden over Ende, saa Selvet i Muligheden løber fra sig selv, saa det intet Nødvendigt har, hvortil det skal tilbage: saa er dette Mulighedens Fortvivlelse. Dette Selv bliver en abstrakt Mulighed, det spræller sig træt i Mulighed, men det kommer ikke af Stedet og heller ikke til noget Sted, thi det Nødvendige er just Stedet; at vorde sig selv er jo just en Bevægelse paa Stedet. At vorde er en Bevægelse fra Stedet, men at vorde sig selv er en Bevægelse paa Stedet.

Muligheden synes saa Selvet større og større, Mere og Mere bliver det muligt, fordi Intet bliver virkeligt. Tilsidst er det som var Alt muligt, men just dette er, naar Afgrunden har slugt Selvet. Enhver lille Mulighed vilde for at vorde Virkelighed, allerede behøve nogen Tid. Men tilsidst bliver Tiden, der skulde bruges til Virkelighed, kortere og kortere, Alt bliver øieblikkeligere og øieblikkeligere. Muligheden bliver intensivere og intensivere, men i Mulighedens Forstand, ikke i Virkelighedens Forstand; thi i Virkelighedens Forstand er det Intensive, at dog Noget af Det, der er muligt, bliver virkeligt. I Øieblikket viser Noget sig som Muligt, og saa viser der sig en ny Mulighed, tilsidst følge disse Phantasmagorier saa hurtigt paa hinanden, at det er, som var alt muligt, og det er just det sidste Øieblik, hvor Individet heelt og holdent er blevet selv et Luftsyn.

Det Selvet nu mangler er vistnok Virkelighed; saaledes vil man ogsaa tale i Almindelighed, som man jo taler om, at et Menneske er blevet uvirkeligt. Men ved nærmere Eftersyn er det egentligen Nødvendighed han mangler. Det er nemlig ikke saa, som Philosopherne forklare, * at Nødvendighed er Eenhed af Mulighed og Virkelighed, nei, Virkelighed er Eenhed af Mulighed og Nødvendighed. Det er ei heller blot en Mangel paa Kraft, naar et Selv saaledes løber vild i Mulighed, idetmindste er det ikke saaledes at forstaae, som man i Almindelighed forstaaer det. Det der fattes er egentligen Kraft til at lyde, til at bøie sig under det Nødvendige i Ens Selv, hvad der maa kaldes Ens Grændse. Ulykken er derfor heller ikke, at et saadant Selv ikke blev til Noget i Verden, nei, Ulykken er, at han ikke blev opmærksom paa sig selv, at det Selv, han er, er et ganske bestemt Noget og saaledes det Nødvendige. Han tabte derimod sig selv derved, at dette Selv phantastisk reflecterede sig i Muligheden. Allerede i Forhold til at see sig *selv* i et Speil er det nødvendigt at kjende sig selv, thi gjør man ikke det, saa seer man ikke sig *selv*, men blot et Menneske. Men Mulighedens Speil er ikke noget almindeligt Speil, det maa bruges med den yderste Forsigtighed. Thi om dette Speil gjælder det i høieste Forstand, det er usandt. At et Selv seer saaledes og saaledes ud i Muligheden af sig selv er kun halv Sandhed; thi i Muligheden af sig selv er Selvet endnu langtfra eller kun halvt sig selv. Saa gjælder det, hvorledes dette Selvs Nødvendighed bestemmer det nærmere. Det er med Muligheden som naar man indbyder et Barn til en eller anden Glæde; Barnet er strax villigt, men nu gjælder det, om Forældrene ville tillade det – og som det er med Forældrene, saaledes er det med Nødvendigheden.

Dog i Muligheden er *Alt* muligt. Der kan derfor i Muligheden løbes vild paa alle mulige Maader, men væsentligen paa to. Den ene Form er den ønskende, higende, den anden den tungsindig-phantastiske (Haabet – Frygten eller Angesten). Som der saa ofte fortælles i Eventyr og Folkesagn om en Ridder, der pludselig faaer Øie paa en sjelden Fugl, efter hvilken han bliver ved at løbe, idet det i Begyndelsen seer ud som var han den ganske nær – men saa flyver den igjen, indtil det saa er blevet Nat, han kommet bort fra Sine, uden at kunne finde Veien i den Ørk, hvor han nu befinder sig: saaledes med Ønskets Mulighed. Istedetfor at tage Muligheden tilbage i Nødvendigheden, løber han efter Muligheden – og tilsidst kan han ikke finde tilbage til sig selv. – Tungsindigt skeer det Modsatte paa samme Maade. Individet forfølger tungsindigt elskende en Angestens Mulighed, der tilsidst fører ham bort fra ham selv, saa han omkommer i den Angest, eller omkommer i Det, han var angest for at omkomme i.

β) Nødvendighedens Fortvivlelse er at mangle Mulighed.

Dersom man vilde sammenligne det at løbe vild i Mulighed med Barnets Vokaliseren, saa er det at mangle Mulighed som det at være stum. Det Nødvendige er som lutter Konsonanter, men for at udtale dem maa der Mulighed til. Naar denne mangler, naar en menneskelig Existents er bragt dertil, at den mangler Mulighed, er den fortvivlet, og er det i ethvert Øieblik, hvor den mangler Mulighed.

I Almindelighed mener man nu, at der er en vis Alder, som især er riig paa Haab, eller man taler om, at man til en vis Tid, i et enkelt Øieblik af sit Liv er eller var saa riig paa Haab og Mulighed.

Alt Dette er dog blot menneskelig Tale, som ikke kommer til det Sande; al denne Haaben og al denne Fortvivlen er endnu hverken den sande Haaben eller den sande Fortvivlen.

Det Afgjørende er: for Gud er Alt muligt. Dette er evig sandt og altsaa sandt i ethvert Øieblik. Man siger det nok saadan til daglig Brug, og til daglig Brug siger man det saadan, men Afgjørelsen er først, naar Mennesket er bragt til det Yderste, saa der menneskelig talt ingen Mulighed er. Da gjælder det, om han vil troe, at for Gud er Alt muligt, det er, om han vil *troe*. Men dette er ganske Formelen for at tabe Forstanden; at troe er just at tabe Forstanden for at vinde Gud. Lad det skee saaledes. Tænk Dig et Menneske, der med hele en forskrækket Indbildningskrafts Gysen har forestillet sig en eller anden Rædsel som ubetinget ikke til at udholde. Nu hænder den ham, just denne Rædsel hænder ham. Menneskelig talt er hans Undergang det Visseste af Alt – og fortvivlet kæmper hans Sjels Fortvivlelse for at faae Lov til at fortvivle, for at faae, om man saa vil, Ro til at fortvivle, hele Personlighedens Samtykke til og i at fortvivle, saa han Intet og Ingen vilde forbande mere end Den, der forsøgte, og Forsøget paa at forhindre ham i at fortvivle, som Digternes Digter ypperligt, uforligneligt udtrykker det (Richard II: Verwünscht sei Vetter, der mich abgelenkt Von dem bequemen Wege zur Verzweiflung. 3die Akt. 3die Scene)* Altsaa saaledes er Frelse menneskelig talt det Umuligste af Alt; men for Gud er Alt muligt! Dette er *Troens* Kamp, der kæmper, om man saa vil, afsindigt for Mulighed. Thi Mulighed er det ene Frelsende. Naar En besvimer, saa raaber man Vand, Eau de Cologne, Hoffmannsdraaber; men naar En vil fortvivle, saa hedder det: skaf Mulighed, skaf Mulighed, Mulighed er det eneste Frelsende; en Mulighed, saa aander den Fortvivlende igjen, han lever atter op; thi uden Mulighed kan et Menneske ligesom ikke faae Veiret. Stundom kan saa en menneskelig Phantasies Opfindsomhed strække til i at skaffe Mulighed, men tilsidst, ***o: naar det gjælder om at *troe*, hjælper kun dette, at for Gud er Alt muligt.

Saaledes kæmpes der. Om den saaledes Kæmpende skal gaae under, beroer ene og alene paa, om han vil skaffe Mulighed tilveie, ?: om han vil troe. Og dog forstaaer han, at menneskelig talt hans Undergang er det Visseste af Alt. Dette er det Dialektiske i at troe. I Almindelighed veed et Menneske ikke Andet, end at Dette og Dette forhaabentligen, formodentligen o. s. v. ikke vil hænde ham. Hænder det ham saa, saa gaaer han under. Den Dumdristige styrter sig i en Fare, hvis Mulighed ogsaa kan være den og den; og hænder den ham saa, saa fortvivler han og gaaer under. Den *Troende* seer og forstaaer menneskelig talt sin Undergang (i hvad der er hændt ham, eller i hvad han har vovet), men han troer. Derfor gaaer han ikke under. Han henstiller det ganske til Gud, hvorledes han skal hjælpes, men han troer, at for Gud er Alt muligt. At *troe* sin Undergang er umuligt. At forstaae, at det menneskeligt er hans Undergang, og saa dog at troe paa Mulighed, er at troe. Saa hjælper Gud ham ogsaa, maaskee ved at lade ham undgaae Rædselen, maskee ved Rædselen selv, at her uventet, miraculøst, guddommeligt viser sig Hjælp. Miraculøst; thi det er da et besynderligt Snerperi, at det kun skulde være skeet for 1800 Aar siden, at et Menneske blev hjulpet miraculøst. Om et Menneske er blevet hjulpet miraculøst, beroer væsentligen paa, med hvad Forstands-Lidenskab han har forstaaet, at Hjælpen var umulig, og dernæst paa, hvor redelig han saa er mod den Magt, der dog hjalp ham. Men ordentligviis gjøre Menneskene hverken det Ene eller det Andet; de skrige, at Hjælp er umulig, uden engang at have anspændt deres Forstand paa at finde Hjælpen, og bag efter lyve de utaknemligt.

Den Troende eier den evig sikkre Modgift mod Fortvivlelse: Mulighed; thi for Gud er Alt muligt i ethvert Øieblik. Dette er Troens Sundhed, der løser Modsigelser. Modsigelsen er her, at menneskelig talt er Undergangen vis, og at der saa dog er Mulighed. Sundhed er overhovedet at kunne løse Modsigelser. Saaledes legemligt eller physisk: Træk er en Modsigelse, thi Træk er Kulde og Varme disparat eller udialektisk; men et sundt Legeme løser denne Modsigelse og mærker ikke Træk. Saaledes ogsaa med Troen.

At mangle Mulighed betyder enten, at Alt er blevet En nødvendigt, eller at Alt er blevet Trivialitet.

Deterministen, Fatalisten er fortvivlet, og har som Fortvivlet tabt sit Selv, fordi Alt er for ham Nødvendighed. Det gaaer ham som hiin Konge* der døde af Sult, fordi al Føde forvandlede sig til Guld. Personligheden er en Synthese af Mulighed og Nødvendighed. Det er derfor med dens Bestaaen som med Aandedrættet (Respirationen), * der er en Ind- og Udaanden. Deterministens Selv kan ikke aande, thi det er umuligt at aande ene og alene det Nødvendige, hvilket blot og bart qvæler Menneskets Selv. – Fatalisten er fortvivlet, har tabt Gud og saaledes sit Selv; thi Den, der ikke har en Gud, har heller intet Selv. Men Fatalisten har ingen Gud, eller, hvad der er det Samme, hans Gud er Nødvendighed; som nemlig for Gud Alt er muligt, saa er Gud det, at Alt er muligt. Fatalistens Gudsdyrkelse er derfor i Maximum en Interjektion, og væsentligen er den Stumhed, stum Underkastelse, han kan ikke bede. At bede er ogsaa at aande, og Muligheden er for Selvet hvad Suurstoffet* er for Aandedrættet. Men saa lidet som et Menneske kan aande blot Suurstof eller blot Qvælstof, saa lidet kan Mulighed alene eller Nødvendighed alene betinge Bønnens Aandedrag. For at bede maa der være en Gud, et Selv – og Mulighed, eller et Selv og Mulighed i prægnant Forstand, thi Gud er det at Alt er muligt, eller at Alt er muligt, er Gud; og kun Den, hvis Væsen blev saaledes rystet, at han blev Aand ved at forstaae, at Alt er muligt, kun han har indladt sig med Gud. Det, at Guds Villie er det Mulige, gjør, at jeg kan bede; er den blot det Nødvendige, er Mennesket væsentligen lige saa umælende som Dyret.

Med Spidsborgerlighed, Trivialitet, som ogsaa væsentligen mangler Mulighed, forholder det sig noget anderledes. Spidsborgerlighed er Aandløshed, Determinisme og Fatalisme er Aands-Fortvivlelse; men Aandløshed er ogsaa Fortvivlelse. Spidsborgerlighed mangler enhver Aandens Bestemmelse, og gaaer op i det Sandsynlige, indenfor hvilket det Mulige finder sin Smule Plads; den mangler saaledes Mulighed for at blive opmærksom paa Gud. Uden Phantasi, som Spidsborgeren altid er, lever den i et vist trivielt Indbegreb af Erfaringer, om hvordan det gaaer til, hvad der er muligt, hvad der pleier at skee, Spidsborgeren være forresten Øltapper eller Statsminister. Saaledes har Spidsborgeren tabt sig selv og Gud. Thi for at blive opmærksom paa sit Selv og paa Gud, maa Phantasien svinge et Menneske høiere end til det Sandsynliges Dunstkreds, den maa rive En ud af denne, og, ved at gjøre hvad der overskrider enhver Erfarings *qvantum satis** muligt, lære ham, at haabe og at frygte eller at frygte og at haabe. Men Phantasi har Spidsborgeren ikke, vil ikke have den, afskyer den. Her er altsaa ingen Hjælp. Og hjælper saa stundom Tilværelsen med Rædsler, som overskride den trivielle Erfarings Papegøie-Viisdom, saa fortvivler Spidsborgerligheden, det er, saa bliver det aabenbart, at det var Fortvivlelse; den mangler saa Troens Mulighed for ved Gud at kunne redde et Selv ud af den visse Undergang.

Fatalisme og Determinisme har dog Phantasi nok til at fortvivle om Mulighed, Mulighed nok til at opdage Umuligheden; Spidsborgerligheden beroliger sig i det Trivielle, lige fortvivlet enten det gaaer godt eller det gaaer galt. Fatalisme og Determinisme mangler Mulighed for at afspænde og formilde, for at temperere Nødvendigheden, altsaa Mulighed som Formildelse; Spidsborgerlighed mangler Mulighed som Opvækkelse fra Aandløshed. Thi Spidsborgerlighed mener at raade over Muligheden, at have narret denne uhyre Elasticitet ind i det Sandsynliges Fælde eller Daarekiste, mener at holde den fangen; den fører Muligheden omkring fangen i Sandsynlighedens Buur, foreviser den, bilder sig selv ind at være Herren, mærker ikke, at den just derved har fanget sig selv til at være Aandløshedens Træl, og det Usleste af Alt. Thi med Fortvivlelsens Dristighed svinger Den sig, som foer vild i Mulighed; sammenknuget i Fortvivlelse forløfter Den sig paa Tilværelsen, hvem Alt blev nødvendigt: men aandløst triumpherer Spidsborgerligheden.

B

Fortvivlelse seet under Bestemmelsen: Bevidsthed

Bevidsthedens Grad er i Stigen, eller i Forhold til som den stiger, den bestandig stigende Potentsation i Fortvivlelsen; jo mere Bevidsthed, jo intensivere Fortvivlelse. Dette sees overalt, tydeligst i Fortvivlelsens Maximum og Minimum. Djævelens Fortvivlelse er den intensiveste Fortvivlelse, thi Djævelen er reen Aand, og forsaavidt absolut Bevidsthed og Gjennemsigtighed; der er i Djævelen ingen Dunkelhed, som kunde tjene til formildende Undskyldning, hans Fortvivlelse er derfor den absoluteste Trods.

Dette er Fortvivlelses Maximum. Fortvivlelses Minimum er en Tilstand, som, ja saaledes kunde man menneskelig fristes til at sige det, i en Slags Uskyldighed end ikke veed af, at det er Fortvivlelse. Naar da saaledes Bevidstløsheden er i Maximum, saa er Fortvivlelsen mindst; det er jo næsten som var det dialektisk, om man har Ret til at kalde en saadan Tilstand Fortvivlelse.

a. Den Fortvivlelse, som er uvidende om, at den er Fortvivlelse, eller den fortvivlede Uvidenhed om at have et Selv og et evigt Selv.

At denne Tilstand alligevel er Fortvivlelse og med Rette nævnes saa, er et Udtryk for hvad man i god Forstand maa kalde Sandhedens Rethaveri. *Veritas est index sui et falsi.** Men dette Sandhedens Rethaveri agtes rigtignok ikke, som det ogsaa er langtfra, at Menneskene i Almindelighed ansee Forholdet til det Sande, det at forholde sig til det Sande, som det høieste Gode, saare meget langtfra, at de socratisk* ansee det at være i en Vildfarelse for den største Ulykke; det Sandselige i dem har oftest langt Overvægten over deres Intellectualitet. Naar saaledes et Menneske formeentligen er lykkelig, indbilder sig at være lykkelig, medens han dog i Sandhedens Lys betragtet er ulykkelig, saa er det som oftest meget langtfra, at han ønsker at rives ud af denne Vildfarelse. Tværtimod, han bliver forbittret, han anseer Den for sin arrigste Fjende, der gjør det, han betragter det som et Overfald, noget nær som et Mord, paa den Maade, som det hedder, at myrde hans Lykke. Og hvoraf kommer det? Det kommer deraf, at det Sandselige og det Sandselig-Sjelelige aldeles behersker ham; det kommer af, at han lever i det Sandseliges Kategorier, det Behagelige og det Ubehagelige, giver Aand, Sandhed o. d. en god Dag; det kommer af, at han er for sandselig til at have Mod til at vove og til at udholde at være Aand. Hvor forfængelige og indbildske end Menneskene kunne være, have de dog oftest en meget ringe Forestilling om sig selv, det er, de have ingen Forestilling om at være Aand, det Absolute, som et Menneske kan være; men forfængelige og indbildske ere de – sammenlignelsesviis. Dersom man vilde tænke sig et Huus, bestaaende af Kjælder, Stue og første Sal, saaledes beboet, eller saaledes indrettet, at der var eller det var beregnet paa en Stands-Forskjel mellem Beboerne i hver Etage – og dersom man vilde sammenligne det at være Menneske med et saadant Huus: saa er desto værre dette Sørgelige og Latterlige de fleste Menneskers Tilfælde, at de i deres eget Huus foretrække at boe i Kjælderen. Ethvert Menneske er den sjelelig-legemlige Synthese anlagt til at være Aand, dette er Bygningen; men han foretrækker at boe i Kjælderen, det er, i det Sandseliges Bestemmelser. Og han foretrækker ikke blot at boe i Kjælderen, nei, han elsker det i den Grad, at han bliver forbittret, naar Nogen vil foreslaae ham at indtage Belle-Etagen, som staaer ledig til hans Disposition – thi det er jo i hans eget Huus han boer.

Nei, det at være i en Vildfarelse, er, ganske usocratisk, det som Menneskene mindst frygte. Man kan see forbausende Exempler derpaa, som efter en uhyre Maalestok oplyse dette. En Tænker opfører en uhyre Bygning, et System, et hele Tilværelsen og Verdenshistorien o. s. v. omfattende System – og betragter man hans personlige Liv, saa opdager man til sin Forbauselse dette Forfærdelige og Latterlige, at han selv ikke personligen beboer dette uhyre, høithvælvede Pallads, men en Ladebygning ved Siden af, eller et Hundehuus, eller i det Høieste Portnerleiligheden. Vilde man tillade sig med et eneste Ord at gjøre opmærksom paa denne Modsigelse, saa vilde han blive fornærmet. Thi at være i en Vildfarelse frygter han ikke, naar han blot faaer Systemet færdigt – ved Hjælp af at være i en Vildfarelse.

Altsaa, at Den, der er fortvivlet, selv er uvidende om, at hans Tilstand er Fortvivlelse, gjør Intet til Sagen, han er ligefuldt fortvivlet. Er Fortvivlelse Forvildelse, saa er det, at man er uvidende derom, blot det Mere, tillige at være i en Vildfarelse. Det er med Uvidenheden i Forhold til Fortvivlelse som i Forhold til Angest (cfr. Begrebet Angest af *Vigilius Haufniensis*), Aandløshedens Angest kjendes netop paa den aandløse Tryghed. Men Angesten er alligevel i Grunden, saaledes er Fortvivlelsen ogsaa i Grunden, og naar Sandsebedragenes Fortryllelse ophører, naar Tilværelsen begynder at vakle, saa viser ogsaa strax Fortvivlelsen sig som den, der var i Grunden.

Den Fortvivlede der er uvidende om, at han er fortvivlet, er, sammenlignet med Den som er sig dette bevidst, blot et Negativt længere borte fra Sandheden og Frelsen. Fortvivlelsen selv er en Negativitet, Uvidenheden om den en ny Negativitet. Men for at naae Sandheden maa man igjennem enhver Negativitet; thi det gjælder her hvad Folkesagnet fortæller* om at hæve en vis Trolddom: Stykket maa spilles heelt igjennem baglænds, ellers hæves Trolddommen ikke. Dog er det kun i een Forstand, i reen dialektisk Forstand, at den om sin Fortvivlelse Uvidende er fjernere fra Sandheden og det Frelsende end den Vidende, som dog bliver i Fortvivlelsen; thi i en anden Forstand, ethisk-dialektisk, er den bevidst i Fortvivlelsen blivende Fortvivlede fjernere fra Frelsen, da hans Fortvivlelse er intensivere. Men Uvidenheden er saa langt fra at hæve Fortvivlelsen eller at gjøre Fortvivlelse til Ikke-Fortvivlelse, at den tværtimod kan være den farligste Form af Fortvivlelse. I Uvidenheden er den Fortvivlede, men til sin egen

Fordærvelse, paa en Maade sikkret mod at blive opmærksom, det er, han er ganske sikker i Fortvivlelsens Vold.

I Uvidenheden om at være fortvivlet er Mennesket længst fra at være sig bevidst som Aand. Men just det ikke at være sig bevidst som Aand er Fortvivlelse, der er Aandløshed, Tilstanden være saa forøvrigt enten en fuldkommen Uddøethed, et blot vegetativt Liv, eller et potentseret Liv, hvis Hemmelighed dog er Fortvivlelse. I sidste Tilfælde gaaer det saa den Fortvivlede, som det gaaer Den, der lider af Tæring: han befinder sig bedst, anseer sig for allersundest, synes maaskee Andre at blomstre af Sundhed, just naar Sygdommen er farligst.

Denne Form af Fortvivlelse (Uvidenheden om den) er den almindeligste i Verden, ja det som man kalder Verden, eller nøiagtigere bestemmet, det som Christendommen kalder Verden, Hedenskabet og det naturlige Menneske i Christenheden, Hedenskabet som det historisk var og er, og Hedenskabet i Christenheden, er netop den Art af Fortvivlelse, er Fortvivlelse, men veed ikke af det. Vel gjøres der nemlig ogsaa i Hedenskabet saavel som af det naturlige Menneske Forskjel mellem at være fortvivlet og ikke at være fortvivlet, det er, der tales om Fortvivlelse, som var kun nogle Enkelte fortvivlede. Men denne Distinktion er lige saa svigefuld som den Hedenskabet og det naturlige Menneske gjør mellem Kjerlighed og Selvkjerlighed, som var ikke al denne Kjerlighed væsentlig Selvkjerlighed. Dog videre end til denne svigefulde Distinktion kunde umuligt og kan umuligt Hedenskabet samt det naturlige Menneske komme, thi Fortvivlelsens Specifike er just dette, at være uvidende om, at det er Fortvivlelse.

Heraf seer man nu let, at det æsthetiske Begreb Aandløshed ingenlunde afgiver Maalestokken for at bedømme, hvad der er Fortvivlelse og hvad ikke, hvilket da forøvrigt er ganske i sin

Orden; da det nemlig ikke æsthetisk lader sig bestemme, hvad Aand i Sandhed er, hvor skulde saa det Æsthetiske kunne besvare et Spørgsmaal, som slet ikke er til for det! Det vilde jo ogsaa være en uhyre Dumhed at negte, at saavel hedenske Nationer *en masse*, som enkelte Hedninger have udført forbausende Bedrifter, der baade have begeistret og ville begeistre Digtere, at negte, at Hedenskabet opviser Exempler paa, hvad man æsthetisk ikke noksom kan beundre. Det vilde ogsaa være en Daarskab at negte, at der i Hedenskabet er ført og af det naturlige Menneske kan føres et Liv riigt paa den største æsthetiske Nydelse, benyttende enhver Begunstigelse, der er forundt, paa den smagfuldeste Maade, og endog ladende Kunst og Videnskab tjene til at forhøie, forskjønne, forædle Nydelsen. Nei, ikke den æsthetiske Bestemmelse af Aandløshed afgiver Maalestokken for hvad der er Fortvivlelse og hvad ikke, den Bestemmelse, der maa bruges, er den ethisk-religieuse: Aand eller negativt Mangel af Aand, Aandløshed. Enhver menneskelig Existents, der ikke er sig bevidst som Aand eller sig for Gud personlig bevidst som Aand, enhver menneskelig Existents, der ikke saaledes gjennemsigtig grunder i Gud, men dunkelt hviler i og gaaer op i noget abstrakt Universelt (Stat, Nation o. d.), eller i Dunkelhed over sit Selv tager sine Evner blot som Virkekræfter uden i dybere Forstand at blive sig bevidst, hvorfra han har dem, tager sit Selv som et uforklarligt Noget, hvis det skulde forstaaes ind efter – enhver saadan Existents, hvad den end udfører, det meest Forbausende, hvad den end forklarer, hele Tilværelsen, hvor intensivt den end æsthetisk nyder Livet: enhver saadan Existents er dog Fortvivlelse. Det var dette, de gamle Kirkelærere* meente, naar de talte om, at Hedningenes Dyder ere glimrende Laster, de meente, at Hedningens Inderste var Fortvivlelse, at Hedningen ikke var sig bevidst for

Gud som Aand. Heraf kom det ogsaa (at jeg skal anføre dette som et Exempel, medens det dog derhos tillige har et dybere Forhold til denne hele Undersøgelse), at Hedningen dømte saa mærkværdigt letsindigt om, ja anpriste Selvmord, * hvad dog for Aanden er den meest afgjørende Synd, det saaledes at bryde ud af Tilværelsen, Oprøret mod Gud. Hedningen manglede Aandens Bestemmelse af et Selv, derfor dømte han saaledes om *Selv* mordet; og det gjorde den samme Hedning, der dog dømte sædelig strengt om Tyveri, Utugt o. d. Han manglede Synspunktet for Selvmord, han manglede Guds-Forholdet og Selvet; reent hedensk tænkt er Selvmord det Indifferente, Det, Enhver kan gjøre som han lyster, fordi det kommer Ingen ved. Skulde der fra Hedenskabets Standpunkt advares mod Selvmord, maatte det være ad den lange Omvei ved at vise, at man brød sit Pligtforhold mod andre Mennesker. Pointet i Selvmord, at det just er en Forbrydelse mod Gud, undgaaer ganske Hedningen. Man kan derfor ikke sige, at Selvmordet var Fortvivlelse, hvilket vilde være et tankeløst Hysteron-Proteron; * man maa sige, det at Hedningen dømte saaledes om Selvmord som han gjorde var Fortvivlelse.

Imidlertid er og bliver der dog Forskjel, og det en qvalitativ, mellem Hedenskabet i strengere Forstand og Hedenskabet i Christenheden, den Forskjel, som *Vigilius Haufniensis* i Forhold til Angest har gjort opmærksom paa, at Hedenskabet vel mangler Aand, men dog er bestemmet i Retning hen til Aand, medens Hedenskabet i Christenheden mangler Aand i Retningen bortfra, eller ved et Affald, og derfor i strengeste Forstand er Aandløshed.

b. Den Fortvivlelse, som er sig bevidst at være Fortvivlelse, som altsaa er sig bevidst at have et Selv, hvori der dog er noget Evigt, og nu enten fortvivlet ikke vil være sig selv, eller fortvivlet vil være sig selv.

Her maa naturligviis gjøres den Distinction, om Den der er sig sin Fortvivlelse bevidst, har den sande Forestilling betræffende hvad Fortvivlelse er. En kan saaledes vel, efter den Forestilling han har, have Ret i at kalde sig fortvivlet, han kan ogsaa have Ret i, at han er fortvivlet, og dog er det endnu ikke sagt, at han har den sande Forestilling om Fortvivlelse, det kan være muligt, at man, betragtende hans Liv under denne, maa sige: Du er i Grunden endnu langt mere fortvivlet end Du veed af, Fortvivlelsen stikker endnu langt dybere. Saaledes (for at minde om det Foregaaende) med Hedningen; naar han sammenlignelsesviis med andre Hedninger ansaae sig selv for fortvivlet, saa havde han vistnok Ret i, at han var fortvivlet, men Uret i, at de Andre ikke vare det, det er, han havde ikke den sande Forestilling om Fortvivlelse.

Til den bevidste Fortvivlelse fordres altsaa paa den ene Side den sande Forestilling om hvad Fortvivlelse er. Paa den anden Side fordres Klarhed over sig selv, det vil sige, forsaavidt Klarhed og Fortvivlelse kunne tænkes sammen. Hvorvidt fuldkommen Klarhed over sig selv om, at man er fortvivlet, lader sig forene med at være fortvivlet, det er, om denne Erkjendelsens og Selverkjendelsens Klarhed ikke just maatte rive et Menneske ud af Fortvivlelsen, gjøre ham saa forfærdet for sig selv, at han ophørte at være fortvivlet: ville vi her ikke afgjøre, vi ville end ikke forsøge derpaa, da vi i det Senere ville finde en Plads for hele denne Undersøgelse. Men uden at forfølge Tanken til dette dialektiske Yderste, gjøre vi her blot opmærksom paa, at som Bevidsthedens Grad om hvad Fortvivlelse er kan være saare forskjellig, saaledes ogsaa Bevidsthedens Grad betræffende sin egen Tilstand, at den er Fortvivlelse. Virkelighedens Liv er for mangfoldigt til blot at udvise saadanne abstracte Modsætninger, som den mellem en Fortvivlelse, som er fuldkommen uvidende om at være det, og en, som fuldkommen er sig bevidst at være det. Som oftest er vistnok den Fortvivledes Tilstand en, dog igjen mangfoldig nuanceret, Halv-Dunkelhed over sin egen Tilstand. Han veed det nok saadan til en vis Grad med sig selv, at han er fortvivlet, han mærker det paa sig selv, som En mærker det paa sig selv, at han gaaer med en Sygdom i Kroppen, men han vil ikke ret tilstaae hvilken Sygdommen er. I eet Øieblik er det næsten blevet ham tydeligt, at han er fortvivlet, men saa i et andet Øieblik er det ham dog, som havde hans Ildebefindende en anden Grund, som laae det i noget Udvortes, i Noget udenfor ham; og hvis Det forandredes, var han ikke fortvivlet. Eller han maaskee ved Adspredelser og paa andre Maader, f. Ex. ved Arbeide og Travlhed som Adspredelses-Middel, søger for sig selv at bevare en Dunkelhed over sin Tilstand, dog saaledes igjen, at dette ikke bliver ham ganske tydeligt, at han gjør det derfor, at han gjør hvad han gjør, for at skaffe Dunkelhed. Eller han maaskee endog er sig bevidst, at han saaledes arbeider for at sænke Sjælen i Dunkelhed, gjør dette med en vis Skarpsindighed og klog Beregning, med psychologisk Indsigt, men ikke er i dybere Forstand sig klart bevidst, hvad han gjør, hvor fortvivlet det er, han bærer sig ad o. s. v. Der er nemlig i al Dunkelhed og Uvidenhed et dialectisk Sammenspil af Erkjendelse og Villie, og man kan i at opfatte et Menneske tage feil: ved blot at accentuere Erkjendelsen og ved blot at accentuere Villien.

Men, som tidligere bemærket, Bevidsthedens Grad potentserer Fortvivlelsen. I samme Grad som et Menneske har den sandere Forestiling om Fortvivlelse, naar han dog bliver i den, og i samme Grad som han tydeligere er sig bevidst at være fortvivlet, naar han dog bliver i Fortvivlelsen, i samme Grad er denne intensivere. Den, der med Bevidsthed om, at et Selvmord er Fortvivlelse, og forsaavidt med den sande Forestilling om, hvad Fortvivlelse er, begaaer et Selvmord, hans Fortvivlelse er intensivere end Dens, der begaaer et Selvmord uden at have den sande Forestilling om, at Selvmord er Fortvivlelse; men derimod er hans usande Forestilling om Selvmord den mindre intensive Fortvivlelse. Paa den anden Side med jo klarere Bevidsthed om sig selv (Selvbevidsthed) et Menneske begaaer et Selvmord, desto intensivere er hans Fortvivlelse i Sammenligning med Dens, hvis Sjel er, sammenlignet med hans, i en forvirret og dunkel Tilstand.

I det Følgende skal jeg nu gjennemgaae den bevidste Fortvivlelses tvende Former saaledes, at der tillige eftervises en Stigen i Bevidstheden om hvad Fortvivlelse er, og i Bevidstheden om, at Ens Tilstand er Fortvivlelse, eller hvad der er det Samme og det Afgjørende, en Stigen i Bevidsthed om Selvet. Men Modsætningen til det at være fortvivlet er det at troe, derfor er ogsaa ganske rigtigt hvad der i det Foregaaende blev fremsat som Formelen, der beskriver en Tilstand, i hvilken der slet Intet af Fortvivlelse er, dette Samme er ogsaa Formelen for at troe: i at forholde sig til sig selv og i at ville være sig selv grunder Selvet gjennemsigtigt i den Magt, som satte det. (Cfr. A. A.)

α) Fortvivlet ikke at ville være sig selv, Svaghedens Fortvivlelse.

Naar denne Form af Fortvivlelse kaldes Svaghedens, saa er deri allerede indeholdt en Reflexion paa den anden Form (β), fortvivlet at ville være sig selv. Det er saaledes kun relative Modsætninger. Ganske uden Trods er ingen Fortvivlelse; der ligger jo ogsaa Trods i Udtrykket selv: ikke at ville være. Paa den anden Side selv Fortvivlelsens høieste Trods er dog aldrig uden nogen Svaghed.

Forskjellen er altsaa kun relativ. Den ene Form er saa at sige Qvindelighedens Fortvivlelse, den anden Mandlighedens[1].

I) Fortvivlelse over det Jordiske eller over noget Jordisk.

Dette er den rene Umiddelbarhed, eller Umiddelbarhed med en qvantitativ Reflexion i sig. – Her er ingen uendelig Bevidsthed om Selvet, om hvad Fortvivlelse er, eller om, at Tilstanden er Fortvivlelse; Fortvivlelsen er en blot Liden, en Liggen under for Udvorteshedens Tryk, den kommer paa ingen Maade indvortes fra som Handling. Det er ved en, om man saa vil, uskyldig Misbrug af Sproget, en Leeg med Ord, ligesom naar Børnene lege Soldat, at der i Umiddelbarhedens Sprog forekomme saadanne Ord som: Selvet, Fortvivlelse.

Den *Umiddelbare* (forsaavidt da Umiddelbarhed kan i Virkeligheden forekomme ganske uden al Reflexion) er blot sjelelig bestemmet, hans Selv, og ham selv, * et Noget med indenfor Timelighedens og Verdslighedens Omfang, i umiddelbar Sammenhæng med det Andet (το ετε?ον), og har kun et illusorisk Skin af som var der noget Evigt i det. * Saaledes hænger Selvet umiddelbart sammen med det Andet, ønskende, begjerende, nydende o. s. v., men lidende; endog begjerende er dette Selv et Dativ som Barnets mig. Dets Dialektik er: det Behagelige og det Ubehagelige; dets Begreber: Lykke, Ulykke, Skjebne.

Nu *hænder* der da, der *tilstøder* (at støde – til) dette umiddelbare Selv Noget, som bringer det til Fortvivlelse; paa anden Maade kan det her ikke skee, da Selvet ingen Reflexion har i sig, Det der bringer til Fortvivlelse maa komme udvortes fra, og Fortvivlelsen er en blot Liden. Det, hvori den Umiddelbare har sit Liv, eller, forsaavidt han dog har en lille Smule Reflexion i sig, den Deel deraf, ved hvilken han især hænger, berøves ham „ved et Slag af Skjebnen", kort, han bliver, som han kalder det, ulykkelig, det er, Umiddelbarheden i ham faaer et saadant Knæk, at den ikke kan reproducere sig selv: han fortvivler. Eller, hvad der dog i Virkeligheden sees sjeldnere, men dialektisk er aldeles i sin Orden, denne Umiddelbarhedens Fortvivlen indtræder ved hvad den Umiddelbare kalder en altfor stor Lykke; Umiddelbarheden er nemlig som saadan en uhyre Skrøbelighed, og ethvert *quid nimis,* * der fordrer Reflexionen af den, bringer den til Fortvivlelse.

Altsaa han fortvivler, det vil sige, ved en besynderlig Bagvendthed og i en fuldkommen Mystification, sig selv betræffende, kalder han det at fortvivle. Men at fortvivle er at tabe det Evige – og dette Tab taler han jo ikke om, drømmer han ikke om. At tage det Jordiske er som saadant ikke det at fortvivle, og dog er det derom han taler, og det kalder han at fortvivle. Hvad han siger, er i en vis Forstand sandt, kun ikke saaledes sandt, som han forstaaer det; han er bagvendt situeret, og hvad han siger maa forstaaes bagvendt: han staaer og peger paa det som ikke er det at fortvivle, forklarende at han er fortvivlet, og imidlertid foregaaer ganske rigtigt Fortvivlelsen bag ved ham, ham uafvidende. Det er, som hvis En stod og vendte Ryggen til Raad- og Domhuset, pegede lige ud for sig og sagde: der ligger Raad- og Domhuset; Mennesket har Ret, det ligger der – naar han vender sig om. Han er ikke fortvivlet, det er ikke sandt, og dog faaer han Ret, idet han siger det. Men han kalder sig fortvivlet, han betragter sig selv som død, som en Skygge af sig selv. Død er han dog ikke, der er, om man saa vil, endnu Liv i Personen. Dersom saaledes Alt pludselig forandredes, alt det Udvortes, og Ønsket opfyldtes, saa kommer der Liv i ham igjen, saa reiser Umiddelbarheden sig atter, og han begynder at leve paa en frisk. Men dette er den eneste Maade, paa hvilken Umiddelbarheden veed at stride, det Eneste, den veed: at fortvivle og daane – og dog veed den mindst af Alt, hvad Fortvivlelse er. Den fortvivler og daaner, og derpaa ligger den ganske stille som var den død, et Kunststykke liig det, „at ligge todt“; det er med Umiddelbarheden som med visse lavere Dyrearter, der intet andet Vaaben eller Forsvars-Middel have end at ligge ganske stille og lade som vare de døde.

Imidlertid gaaer Tiden hen. Kommer der saa Hjælp i det Udvortes, saa kommer der ogsaa Liv igjen i den Fortvivlede, han begynder, hvor han slap, et Selv var han ikke, og et Selv blev han ikke, men lever nu videre fort, blot umiddelbart bestemmet. Kommer Udvorteshedens Hjælp ikke, saa skeer der i Virkeligheden oftest noget Andet. Der kommer saa dog alligevel Liv i Personen, men „sig selv bliver han aldrig mere,“ siger han. Han faaer nu en Smule Forstand paa Livet, han lærer at efterabe de andre Mennesker, hvordan de bære sig ad med at leve – og saadan lever han nu ogsaa. I Christenheden er han tillige Christen, gaaer hver Søndag i Kirke, hører og forstaaer Præsten, ja de forstaae hinanden; han døer; Præsten introducerer ham for 10 Rdlr. i Evigheden – men et Selv var han ikke, et Selv blev han ikke.

Denne Form af Fortvivlelse er: fortvivlet ikke at ville være sig selv, eller endnu lavere: fortvivlet ikke at ville være et Selv, eller allerlavest: fortvivle at ville være en Anden end sig selv, at ønske sig et nyt Selv. Umiddelbarheden har egentligen intet Selv, den kjender ikke sig selv, kan saaledes heller ikke kjende sig selv igjen, der endes derfor gjerne i det Eventyrlige. Idet Umiddelbarheden fortvivler, har den ikke engang Selv nok til at ønske eller drømme, at den dog var blevet det, den ikke blev. Den Umiddelbare hjælper sig saa paa en anden Maade, han ønsker at være en Anden. Dette vil man let forvisse sig om ved at iagttage umiddelbare Mennesker; der ligger i Fortvivlelsens Øieblik dem intet Ønske saa nær, som det, at være blevet en Anden eller at blive en Anden. Man kan i ethvert Tilfælde aldrig lade være at smile af en saadan Fortvivlet, der menneskelig talt, skjøndt fortvivlet, er saa saare uskyldig. Som oftest er en saadan Fortvivlet uendelig comisk. Man tænke sig et Selv (og næst Gud er der Intet saa evigt som et Selv), og saa at et Selv faaer det Indfald, om det ikke skulde kunne lade sig gjøre at det blev en Anden – end sig selv. Og dog elsker en saadan Fortvivlet, hvis eneste Ønske er denne af alle afsindige Forvandlinger afsindigste, han elsker den Indbildning, at Changementet skulde kunne gaae lige saa let for sig som det at faae en anden Kjole paa. Thi den Umiddelbare kjender ikke sig selv, han kjender ganske bogstaveligen kun sig selv paa Kjolen, han kjender (og her er atter den uendelige Comik) det at have et Selv paa Udvortesheden. Der gives ikke let nogen latterligere Forvexling; thi et Selv er just uendelig forskjelligt fra Udvortesheden. Da nu hele Udvortesheden forandredes for den Umiddelbare, og han fortvivlede, saa gaaer han et Skridt videre, han tænker som saa, det bliver hans Ønske: hvad om jeg blev en Anden, fik mig et nyt Selv. Ja, hvad om han blev en Anden – mon han saa vilde kjende sig selv igjen? Man fortæller om en Bondemand, * som barbenet var kommet til Hovedstaden, og der havde faaet saa mange Skillinger, at han kunde kjøbe sig et Par Strømper og Skoe, og dog beholdt saa Meget tilovers, at han kunde drikke sig fuld – man fortæller, at han, som han beruset vilde til at finde hjem, blev liggende midt paa Landeveien og faldt i Søvn. Saa kom der en Vogn kjørende, og Kudsken raabte ham an, at han skulde flytte sig, ellers kjørte han over hans Been. Den fulde Bonde vaagnede, saae derpaa til sine Been, og da han paa Grund af Strømper og Skoe ikke kjendte dem, sagde han: kjør han kun, det er ikke mine Been. Saaledes med den Umiddelbare naar han fortvivler, det er umuligt sandt at fremstille ham uden comisk, det er, at jeg selv skal sige det, allerede et Slags Kunststykke at tale i den Jargon om et Selv og om Fortvivlelse.

*Naar Umiddelbarheden antages at have en Reflexion i sig,** modificeres Fortvivlelsen noget; der bliver noget mere Bevidsthed om Selvet, og derved igjen om, hvad Fortvivlelse er, og om, at Ens Tilstand er Fortvivlelse; der bliver nogen Mening i, at et saadant Menneske taler om at være fortvivlet: men Fortvivlelsen er væsentligen Svaghedens, en Liden; dens Form, fortvivlet ikke at ville være sig selv.

Fremskridtet i Sammenligning med den rene Umiddelbarhed viser sig strax heri, at Fortvivlelsen ikke altid fremkommer ved et Stød, ved at der hænder Noget, men kan foranlediges ved selve Reflexionen i sig, saa Fortvivlelsen, naar saa er, ikke er en blot Liden og Liggen under for Udvortesheden, men til en vis Grad Selvvirksomhed, Handling. Her er jo en vis Grad af Reflexion i sig, altsaa en vis Grad af Besindelse paa sit Selv; med denne visse Grad af Reflexion i sig begynder den Udsondrings-Akt, hvori Selvet bliver opmærksomt paa sig selv som væsentlig forskjelligt fra Omverdenen og Udvortesheden og dennes Indvirkning paa det. Men det er kun til en vis Grad. Idet nu Selvet med en vis Grad af Reflexion i sig vil til at overtage Selvet, støder det maaskee paa en eller anden Vanskelighed i Selvets Sammensætning, i Selvets Nødvendighed. Thi som intet menneskeligt Legeme er det fuldkomne, saa heller intet Selv. Denne Vanskelighed, den være en hvilken, gyser han tilbage for. Eller der hænder ham Noget, som bryder med Umiddelbarheden i ham dybere, end han ved Reflexion i sig har gjort det; eller hans Phantasi opdager en Mulighed, der, hvis den indtraadte, vilde saaledes blive Bruddet med Umiddelbarheden.

Saa fortvivler han. Hans Fortvivlelse er Svaghedens, Selvets Liden, i Modsætning til Selvhævdelsens Fortvivlelse; men ved Hjælp af den relative Reflexion i sig, han har, gjør han, deri atter forskjellig fra den reent Umiddelbare, Forsøg paa at værne om sit Selv. Han forstaaer, at det dog er en Omsætning* dette med at slippe Selvet, han bliver ikke saaledes apoplectisk rørt af Slaget som den Umiddelbare gjør det, han forstaaer ved Hjælp af Reflexionen, at der er Meget, han kan tabe, uden at tabe Selvet; han gjør Indrømmelser, han er istand dertil, og hvorfor? fordi han til en vis Grad har udsondret sit Selv fra Udvortesheden, fordi han har en dunkel Forestilling om, at der endog maa være noget Evigt i Selvet. Men forgjæves kjæmper han saaledes; Vanskeligheden, han er stødt paa, kræver et Brud med hele Umiddelbarheden og dertil har han ikke Selv-Reflexion eller ethisk Reflexion; han har ingen Bevidsthed om et Selv, der vindes ved den uendelige Abstraktion fra alt Udvortes, dette, i Modsætning til Umiddelbarhedens paaklædte, nøgne, abstrakte Selv, der er det uendelige Selvs første Form, og det Fremadskyndende i hele den Proces, hvorved et Selv uendeligt overtager sit virkelige Selv med dets Vanskeligheder og Fortrin.

Altsaa, han fortvivler, og hans Fortvivlelse er: ikke at ville være sig selv. Derimod falder det Latterlige ham rigtignok ikke ind, at ville være en Anden; han vedligeholder Forholdet til sit Selv, saavidt har Reflexionen knyttet ham til Selvet. Det gaaer ham da i Forhold til Selvet, som det kan gaae en Mand i Forhold til hans Bopæl (det Comiske er, at i slet saa skjødesløst et Forhold, som en Mand staaer til sin Bopæl, staaer rigtignok Selvet ikke til sig selv), at den bliver ham modbydelig, fordi der er Røg, eller ligegyldigt af hvilkensomhelst Grund; han forlader den saa, men han vandrer ikke ud, han fæster ikke en ny Bopæl, han vedbliver at betragte den gamle som sin Bopæl; han regner paa, at det skal gaae over igjen. Saaledes med den Fortvivlende. Saalænge dette staaer paa med den Vanskelighed, tør han, som det hedder med særlig Prægnants, ikke komme til sig selv, vil han ikke være sig selv; men det gaaer vel over, det forandrer sig maaskee, den mørke Mulighed glemmes vel. Saalænge kommer han derfor kun engang imellem saa at sige paa Besøg til sig selv, for at see efter, om Forandringen ikke er indtraadt. Og saa snart den er indtraadt, saa flytter han hjem igjen, „er atter sig selv", saa siger han, dog vil dette kun sige, han begynder hvor han slap, han var saadan til en vis Grad et Selv og blev heller ikke til mere.

Men indtræder der ingen Forandring, saa hjælper han sig paa en anden Maade. Han svinger aldeles bort fra Retningen ind efter, ad hvilken Vei han skulde have været fremad, for i Sandhed at blive et Selv. Det hele Spørgsmaal om Selvet i dybere Forstand bliver en Slags blind Dør i Baggrunden af hans Sjel, indenfor den er der Ingenting. Han overtager hvad han i sit Sprog kalder sit Selv, det vil sige, hvad Evner, hvad Talenter o. s. v. der kan være givet ham, alt Dette overtager han dog med Retningen ud efter, mod, som det hedder, Livet, det virkelige, det virksomme Liv; han omgaaes meget forsigtigt den Smule Reflexion i sig han har i sig, han frygter det skulde komme op igjen, Det i Baggrunden. Saa lykkes det ham lidt efter lidt at glemme det; i Aarenes Løb finder han det saa næsten latterligt, især naar han er i godt Selskab med andre duelige og virksomme Mænd, der have Sands og Dygtighed for det virkelige Liv. Charmant! Han er nu, som der staaer i Romanen, allerede i flere Aar lykkelig gift, en virksom og foretagende Mand, Fader og Borger, maaskee endog en stor Mand; hjemme i hans Huus kalde Tjenestefolkene ham „Han Selv"; i Byen er han blandt Honoratiores; hans Optræden er med Persons-Anseelse, eller med Anseelse af Person, det er efter al Anseelse at dømme en Person. I Christenheden er han Christen (aldeles i samme Forstand som han i Hedenskabet vilde være Hedning, og i Holland Hollænder), en af de dannede Christne. Det Spørgsmaal om Udødeligheden har ofte beskjeftiget ham, og mere end een Gang har han spurgt Præsten, om der var en saadan Udødelighed til, om man virkelig vilde kjende sig selv igjen; hvad jo ogsaa maa have en ganske særdeles Interesse for ham, da han intet Selv har.

Det er umuligt, sandt at fremstille denne Art Fortvivlelse uden en vis Tilsætning af det Satiriske. Det Comiske er, at han vil tale om, at have været fortvivlet; det Forfærdelige er, at hans Tilstand efter at have, som han mener det, overvundet Fortvivlelsen, just er Fortvivlelse. Det er uendelig comisk, at der til Grund for den i Verden saa meget prisede Livs-Klogskab, at der til Grund for alt det Satans Meget af gode Raad og kloge Vendinger, og Seen-Tiden-an, og Tagen sig i sin Skjebne og Skriven i Glemmebogen, ideelt forstaaet ligger en fuldkommen Dumhed paa, hvor Faren egentligen er, hvilken Faren egentligen er. Men denne ethiske Dumhed er igjen det Forfærdelige.

Fortvivlelse over det Jordiske eller over noget Jordisk er den almindeligste Art af Fortvivlelse, og især under den anden Form, som Umiddelbarhed med en qvantitativ Reflexion i sig. Jo mere gjennemreflekteret Fortvivlelsen bliver, desto sjeldnere sees den, eller forekommer den i Verden. Men dette beviser, at de fleste Mennesker end ikke ere komne synderligt dybt i det at fortvivle, ingenlunde derimod, at de ikke ere fortvivlede. Det er meget faae Mennesker, der endog kun nogenlunde leve under Bestemmelsen Aand; ja, det er end ikke Mange, der blot forsøge paa dette Liv, og af dem, der gjøre det, springe de fleste snart fra. De have ikke lært at frygte, ikke lært at skulle, ligegyldigt, uendelig ligegyldigt hvad der saa end forresten skeer. Derfor kunne de ikke udholde, hvad der allerede forekommer dem selv som en Modsigelse, hvilken da i Omverdenens Reflexion* viser sig langt, langt grellere, at det at bekymres for sin Sjel og det at ville være Aand, i Verden seer ud som Tidsspilde, ja som uforsvarlig Tidsspilde, der om muligt burde straffes af de borgerlige Love, i ethvert Tilfælde straffes med Foragt og Bespottelse som en Art Forræderi mod Menneskene, som en trodsig Afsindighed, der vanvittigt udfylder Tiden med Ingenting. Saa er der et Øieblik i deres Liv, ak dette er deres bedste Tid, hvor de dog begynde paa at tage Retningen ind efter. De komme saa omtrent til de første Vanskeligheder, der svinge de af; det er dem som førte denne Vei til en trøstesløs Ørken – und rings umher* liegt schöne grüne Weide. Der søge de saa hen, og glemme snart hiin deres bedste Tid, ak, og glemme den som var den en Barnagtighed. De ere tillige Christne – beroligede af Præsterne i deres Saligheds-Sag. Som sagt, denne Fortvivlelse er den almindeligste, den er saa almindelig, at man kun deraf kan forklare sig den i Handel og Vandel temmelig almindelige Mening, at Fortvivlelse skulde være Noget, som tilhørte Ungdommen, som kun forekommer i de unge Aar, men som ikke findes hos den satte Mand, der er kommen til Skjels Aar og Alder. Dette er en fortvivlet Vildfarelse, eller rigtigere en fortvivlet Feiltagelse, der overseer – ja, og hvad endnu værre er, den overseer, at Det, den overseer, dog næsten er det Bedste, der kan siges om Menneskene, da oftere det langt Værre skeer –, at de fleste Mennesker, væsentligen betragtet, egentligen ikke i hele deres Liv drive det til mere end til at være hvad de vare i Barndommen og Ungdommen: Umiddelbarhed med Tilsætning af en lille Dosis Reflexion i sig. Nei, Fortvivlelse er sandeligen ikke Noget, der kun forekommer hos Ynglinge, Noget, man uden videre voxer fra – „som man voxer fra Illusion“. Men dette gjør man jo heller ikke, om man end er taabelig nok til at mene det. Tværtimod, man kan ofte nok træffe paa Mænd og Koner og Oldinge, der have barnagtig Illusion trods nogen Yngling. Men man overseer, at Illusion væsentlig har to Former: Haabets og Erindringens. Ungdommen har Haabets Illusion, den Ældre Erindringens; men just fordi han er i Illusion, har han ogsaa den aldeles eensidige Forestilling om Illusion, at den kun er Haabets. Og det forstaaer sig, Haabets Illusion plages den Ældre ikke af, men derimod vel blandt Andet ogsaa af denne snurrige: fra et formeentlig høiere Standpunkt uden Illusion at see ned paa Ynglingens Illusion. Den Unge er i Illusion, han haaber det Overordentlige af Livet og af sig selv; til Gjengjeld finder man ofte hos den Ældre Illusion betræffende, hvorledes han erindrer sin Ungdom. En ældre Kone, der nu formeentligen har opgivet al Illusion, befindes ofte at være, trods nogen ung Pige, phantastisk i Illusion med Hensyn til, hvorledes hun erindrer sig selv som ung Pige, hvor lykkelig hun var den Gang, hvor skjøn o. s. v. Dette *fuimus,** som saa ofte høres af en Ældre, er fuldt saa stor en Illusion som den Unges futuriske; de lyve eller digte begge.

Men ganske anderledes fortvivlet er den Feiltagelse, at Fortvivlelse kun tilhører Ungdommen. Det er overhovedet en stor Taabelighed, og er just Uforstand paa, hvad Aand er, derhos Miskjendelse af, at Mennesket er Aand, ikke blot en Dyre-Skabning, at mene, at det skulde gaae saa nemt til med Tro og Viisdom, at de virkeligen saadan uden videre kom med Aarene, som Tænder, Skjæg og deslige. Nei, hvad saa end et Menneske uden videre kommer til, og hvad der saa end kommer uden videre: Eet bestemt ikke, Tro og Viisdom. Men Sagen er denne, med Aarene kommer Mennesket, aandelig forstaaet, ikke uden videre til Noget, denne Kategori er netop Aandens argeste Modsætning; derimod gaaer det meget let, uden videre med Aarene at gaae fra Noget. Og med Aarene gaaer man maaskee fra den Smule Lidenskab, Følelse, Phantasi, den Smule Inderlighed, man havde, og gaaer uden videre (thi Sligt gaaer uden videre) ind under Trivialitetens Bestemmelse af Forstand paa Livet. Denne – forbedrede Tilstand, som rigtignok er kommet med Aarene, anseer han nu fortvivlet for et Gode, han forvisser sig let om (og i en vis satirisk Forstand er Intet vissere), at det nu aldrig kunde falde ham ind at fortvivle – nei, han har sikkret sig, han er fortvivlet, aandløst fortvivlet. Thi hvorfor mon Socrates elskede Ynglinge, uden fordi han kjendte Mennesket!

Og skeer det ikke saaledes, at et Menneske med Aarene synker hen i den trivielleste Art Fortvivlelse, saa følger deraf dog vel ingenlunde, at Fortvivlelse blot skulde tilhøre Ungdommen. Udvikler et Menneske sig virkeligen med Aarene, modnes han i væsentlig Bevidsthed om Selvet, saa kan han maaskee fortvivle i en høiere Form. Og udvikler han sig ikke væsentlig med Aarene, medens han dog heller ikke synker reent hen i Trivialitet, det vil sige, bliver han saa omtrent ved at være et ungt Menneske, en Yngling, skjøndt Mand, Fader og Graahaaret, altsaa dog bevarende noget af det Gode hos Ynglingen, saa vil han jo ogsaa være udsat for at fortvivle som en Yngling, over det Jordiske eller over noget Jordisk.

En Forskjel kan der saa vel blive mellem en saadan Ældres og en Ynglings Fortvivlelse, men ingen væsentlig, en reen tilfældig. Ynglingen fortvivler over det Tilkommende, som et Præsens *in futuro;* * der er noget Tilkommende, han ikke vil overtage, med det vil han ikke være sig selv. Den Ældre fortvivler over det Forbigangne som et Præsens *in præterito*, der ikke vil blive mere og mere forbigangent – thi saa fortvivlet er han da ikke, at det er lykkedes ham ganske at glemme det. Dette Forbigangne er maaskee endog Noget, som Angeren egentligen skulde have fat i. Men skulde Angeren frem, saa maatte der først fortvivles tilgavns, fortvivles ud, saa maatte Aands-Livet bryde igjennem fra Grunden af. Men fortvivlet som han er, tør han ikke lade det komme til en saadan Afgjørelse. Der bliver han saa staaende, Tiden gaaer hen – med mindre det da lykkes ham, endnu mere fortvivlet, ved Hjælp af Glemsel at hele det, saa han istedetfor at blive en Angrende, bliver sin egen Hæler. Men væsentligen bliver en saadan Ynglings og en saadan Ældres Fortvivlelse den samme, det kommer ikke til nogen Metamorphose, i hvilken Bevidstheden om det Evige i Selvet bryder igjennem, saa Kampen kunde begynde, der enten potentserer Fortvivlelse til en endnu høiere Form, eller fører til Troen.

Men er der dog ikke en væsentlig Forskjel mellem de tvende hidtil som identisk brugte Udtryk: at fortvivle over det Jordiske (Totalitets-Bestemmelsen), og at fortvivle over noget Jordisk (det Enkelte)? Jo der er. Idet Selvet med uendelig Lidenskab i Phantasi fortvivler over noget Jordisk, gjør den uendelige Lidenskab dette Enkelte, dette Noget til det Jordiske *in toto,** det vil sige Totalitets-Bestemmelsen ligger i og tilhører den Fortvivlende. Det Jordiske og Timelige som saadant er netop Det, som falder ud fra hinanden, i Noget, i det Enkelte. Det er umuligt, virkeligt at tabe eller berøves alt Jordisk, thi Totalitetsbestemmelsen er en Tankebestemmelse. Selvet forøger altsaa først det virkelige Tab uendeligt, og saa fortvivler det over det Jordiske *in toto*. Men saasnart denne Forskjel (mellem at fortvivle over det Jordiske og over noget Jordisk) skal gjøres væsentligen gjældende, saa er der ogsaa gjort et væsentlig Fremskridt i Bevidsthed om Selvet. Denne Formel at fortvivle over det Jordiske er saa et dialektisk første Udtryk for den næste Form af Fortvivlelse.

2) Fortvivlelse om det Evige eller over sig selv.

Fortvivlelse over det Jordiske eller over noget Jordisk er jo egentligen ogsaa Fortvivlelse om det Evige og over sig selv, forsaavidt den da er Fortvivlelse, thi det er jo Formelen for al Fortvivlelse[2]. Men den Fortvivlende, som han blev fremstillet i det Foregaaende, var ikke opmærksom paa, hvad der, saa at sige, skeer bag ved ham; han mener at fortvivle over noget Jordisk, og taler bestandigt om, hvorover det er han fortvivler, og dog fortvivler han om det Evige; thi det at han tillægger det Jordiske saa stort Værd, eller, videre udført, det at han tillægger noget Jordisk saa stort Værd, eller at han først gjør noget Jordisk til alt Jordisk, og saa tillægger det Jordiske saa stort Værd, er jo just at fortvivle om det Evige.

Denne Fortvivlelse er nu et betydeligt Fremskridt. Var den foregaaende *Svaghedens*, saa er denne: *Fortvivlelse over sin Svaghed*, medens den dog endnu bliver indenfor Væsens-Bestemmelsen: Svaghedens Fortvivlelse, som forskjellig fra β (Trods). Der er altsaa kun en relativ Forskjel. Denne er, at den foregaaende Form har Svaghedens Bevidsthed som sin sidste Bevidsthed, medens her Bevidstheden ikke standser derved, men potentserer sig til en ny Bevidsthed, den om sin Svaghed. Den Fortvivlende forstaaer selv, at det er Svaghed at tage sig det Jordiske saa nær, at det er Svaghed at fortvivle. Men istedetfor nu at svinge rigtigt af bort fra Fortvivlelsen hen til Troen, for Gud ydmygende sig under sin

Svaghed fordyber han sig i Fortvivlelsen og fortvivler over sin Svaghed. Derved vender saa hele Synspunktet sig om, han bliver sig nu tydeligere sin Fortvivlelse bevidst, at han fortvivler om det Evige, han fortvivler over sig selv, at han kunde være svag nok til at tillægge det Jordiske saa stor Betydning, hvilket nu bliver ham fortvivlet Udtrykket for, at han har tabt det Evige og sig selv.

Her er Stigen. Først i Bevidstheden om Selvet; thi at fortvivle om det Evige er da umuligt uden at have en Forestilling om Selvet, at der er noget Evigt i det, eller at det har havt noget Evigt i sig. Og skal man fortvivle over sig selv, maa man jo ogsaa være sig bevidst at have et Selv; dog er det derover han fortvivler, ikke over det Jordiske eller noget Jordisk, men over sig selv. Fremdeles er her større Bevidsthed om, hvad Fortvivlelse er, thi Fortvivlelse er ganske rigtigt at have tabt det Evige og sig selv. Selvfølgeligt er der ogsaa større Bevidsthed om, at Ens Tilstand er Fortvivlelse. Videre er Fortvivlelsen her ikke blot en Liden, men en Handling. Thi naar det Jordiske tages fra Selvet, og han fortvivler, saa er det som kom Fortvivlelsen fra det Udvortes, om den dog altid kommer fra Selvet; men naar Selvet fortvivler over denne sin Fortvivlelse, saa kommer denne nye Fortvivlelse fra Selvet, indirecte-directe fra Selvet, som Modtryk (Reaktion), deri forskjellig fra Trods, der kommer directe fra Selvet. Endeligen er her ogsaa, om end i en anden Forstand, endnu et Fremskridt. Thi just fordi denne Fortvivlelse er intensivere, er den i en vis Forstand Frelsen nærmere. En saadan Fortvivlelse glemmes vanskelig, den er for dyb; men i ethvert Øieblik Fortvivlelsen holdes aaben, er der ogsaa Mulighed af Frelsen.

Dog er denne Fortvivlelse alligevel at henføre under Formen: fortvivlet ikke at ville være sig selv. Som naar en Fader gjør en Søn arveløs, saaledes vil Selvet ikke vedkjende sig sig selv efterat have været saa svag. Det kan fortvivlet ikke glemme denne Svaghed, det hader paa en Maade sig selv, det vil ikke troende ydmyge sig under sin Svaghed for saaledes at gjenvinde sig selv, nei, det vil, saa at sige, fortvivlet Intet høre om sig selv, ikke vide af sig selv at sige. Men at hjælpes ved Glemsel, kan der dog heller ikke være Tale om, ei heller om ved Hjælp af Glemsel at slippe ind under Bestemmelsen Aandløshed, og saa være Mand og Christen som andre Mænd og Christne; nei, dertil er Selvet for meget Selv. Som det vel ofte gik Faderen, der gjorde Sønnen arveløs: det udvortes Factum hjalp ham kun lidet, han blev derfor ikke af med Sønnen, hans Tanke idetmindste ikke; som det saa ofte gaaer med en Elskendes Forbandelse over den Forhadte (?: over den Elskede): den hjælper ikke stort, den næsten fængsler mere – saaledes gaaer det det fortvivlede Selv med sig selv.

Denne Fortvivlelse er en Qvalitet dybere end den foregaaende, og hører til den Fortvivlelse, som sjeldnere forekommer i Verden. Hiin Blinddør, om hvilken der taltes i det Foregaaende, bag hvilken der Ingenting var, er her en virkelig, men rigtignok omhyggelig lukket Dør, og bag den sidder Selvet ligesom og passer paa sig selv, beskjæftiget med eller udfyldende Tiden med ikke at ville være sig selv, og dog Selv nok til at elske sig selv. Det kalder man *Indesluttethed.* Og fra nu af komme vi til at handle om Indesluttethed, der er lige Modsætningen til Umiddelbarhed, og blandt Andet ogsaa, i Retning af Tænkning, har en stor Foragt for denne.

Men er da et saadant Selv ikke til i Virkeligheden, er han flygtet udenfor Virkeligheden, i Ørkenen, i Klosteret, i Daarekisten; er han ikke et virkeligt Menneske, paaklædt som Andre, eller som Andre iført det sædvanlige Overtøi? Ih, jo vist, hvorfor ikke det! Men dette med Selvet indvier han Ingen i, ikke en Sjel, det føler han ingen Trang til eller han har lært at betvinge den, hør blot ham selv tale derom. „Det er da ogsaa kun de reent umiddelbare Mennesker – hvilke under Bestemmelsen Aand omtrent staae paa samme Punkt, som Barnet i det første Afsnit af den første Barndom, hvor det med en heelt igjennem elskværdig Ugeneerthed lader Alt gaae fra sig – det er kun de reent umiddelbare Mennesker, der slet Intet kunne holde paa. Det er denne Art af Umiddelbarhed, der ofte med stor Prætension kalder sig „Sandhed, at være sand, et sandt Menneske og ganske som man er", hvilket netop er lige saa sandt, som at det er Usandhed, naar en Ældre, ikke strax han føler en legemlig Trang, giver efter. Ethvert blot en lille Smule reflecteret Selv har dog en Forestilling om at tvinge Selvet." Og vor Fortvivlede er da indesluttet nok til at kunne holde enhver Uvedkommende, altsaa Enhver, borte fra dette med Selvet, medens han ud efter er ganske „et virkeligt Menneske." Han er en studeret Mand, Mand, Fader, endogsaa en ualmindelig dygtig Embedsmand, en respektabel Fader, behagelig i Omgang, saare mild mod sin Kone, Omhyggeligheden selv mod sine Børn. Og Christen? – nu ja, det er han ogsaa saadan, imidlertid undgaaer han helst at tale derom, om han end gjerne seer, og med en vis veemodig Glæde, at hans Kone til Opbyggelse beskjæftiger sig med det Gudelige. I Kirke gaaer han meget sjeldent, fordi det forekommer ham, at de fleste Præster egentligen ikke vide, hvad de tale om. Han gjør Undtagelse med en ganske enkelt Præst, om hvem han indrømmer, at han veed, hvad han taler om; men ham ønsker han af en anden Grund ikke at høre, da han har en Frygt for at det skulde føre ham for vidt. Derimod føler han ikke sjeldent Trang til Eensomhed, det er ham en Livsfornødenhed, stundom som det at aande, til andre Tider som det at sove. At han har denne Livsfornødenhed mere end de fleste Folk, er da ogsaa et Tegn paa, at han er en dybere Natur. Overhovedet er

Trangen til Eensomhed et Tegn paa, at der dog er Aand i et Menneske, og Maalestokken for hvad Aand der er. „De reent pjattede U- og Med-Mennesker“ føle i den Grad ingen Trang til Eensomhed, at de, ligesom Selskabsfuglene, strax døe, blot de et Øieblik skulle være ene; som det lille Barn maa visses i Søvn, saaledes behøve disse det Selskabeliges beroligende Vissen for at kunne spise, drikke, sove, bede, forelske sig o. s. v. Men saavel i Oldtiden som i Middelalderen var man dog opmærksom paa denne Trang til Eensomhed, havde Respekt for hvad den betyder; i vore Tiders Bestandig-Selskabelige gyser man i den Grad for Eensomhed, at man (o, ypperlige Epigram!) ikke veed at bruge den til Andet end til Straf for Forbrydere. Dog det er sandt, det er jo i vore Tider en Forbrydelse at have Aand, saa er det jo i sin Orden, at Saadanne, Eensomhedens Elskere, komme i Classe med Forbrydere.

Den indesluttede Fortvivlede lever da hen, *horis succesivis,* * i Timer, der, om end ikke levede for Evigheden, dog have Noget med det Evige at skaffe, beskjæftiget med sit Selvs Forhold til sig selv; men han kommer egentligen ikke videre. Naar saa det er gjort, naar Trangen til Eensomhed er tilfredsstillet, saa gaaer han ligesom ud – selv naar han gaaer ind til eller indlader sig med sin Kone og sine Børn. Det, der som Ægtemand gjør ham saa mild, og som Fader saa omhyggelig, er, foruden hans naturlige Godmodighed og hans Pligtfølelse, den Tilstaaelse han i sit indesluttede Inderste har gjort sig selv, betræffende sin Svaghed.

Var det muligt for Nogen at blive Medvider i hans Indesluttethed, og man saa vilde sige til ham, det er jo Stolthed, Du er jo egentligen stolt af Dit Selv: saa vilde han vel neppe gjøre nogen Anden den Tilstaaelse. Naar han blev ene med sig selv, vilde han vel tilstaae, at der var Noget deri, men den Lidenskabelighed, med hvilken hans Selv havde opfattet hans Svaghed, vilde snart indbilde ham igjen, at det umuligt kunde være Stolthed, da det jo netop var over sin Svaghed han fortvivlede – ret som var det ikke Stoltheden, der lagde saa uhyre en Vægt paa Svagheden, ret som var det ikke, fordi han vilde være stolt af sit Selv, at han ikke kunde udholde denne Bevidsthed om Svaghed. – Vilde man sige til ham „det er en besynderlig Forvikling, en besynderlig Art Knude; thi hele Ulykken ligger egentlig i den Maade, Tanken slynger sig paa; ellers er det jo endog normalt, det er jo just ad den Vei Du skal, Du skal gjennem den Fortvivlelse om Selvet til Selvet. Det med Svagheden er ganske rigtigt, men det er ikke det, Du skal fortvivle over; Selvet maa brydes for at blive selv, lad blot være at fortvivle derover" – vilde man tale saaledes til ham, saa vilde han i et lidenskabsløst Øieblik forstaae det, men snart vilde Lidenskaben igjen see feil, og saa gjør han igjen Svinget forkeert, ind i Fortvivlelsen.

Som sagt, en saadan Fortvivlelse er sjeldnere i Verden. Bliver den nu ikke staaende paa dette Punkt, blot marscherende paa Stedet; og paa den anden Side, foregaaer der ikke en Omvæltning med den Fortvivlende, saa han kommer paa den rigtige Vei hen til Troen: saa vil enten en saadan Fortvivlelse potentsere sig til en høiere Form af Fortvivlelse og vedblive at være Indesluttethed, eller den bryder igjennem udefter og tilintetgjør den udvortes Omklædning, i hvilken en saadan Fortvivlet har levet hen som i et Incognito. I sidste Tilfælde vil saa en saadan Fortvivlet styrte sig ud i Livet, maaskee i store Foretagenders Adspredelse, han vil blive en urolig Aand, hvis Tilværelse efterlader sig Spor nok, en urolig Aand, der vil glemme, og da det larmer for stærkt derinde, maa der stærke Midler til, om end af en anden Art end de, som Richard III* bruger for ikke at høre Moderens Forbandelser. Eller han vil søge Glemsel i Sandselighed, maaskee i Udsvævelser, han vil fortvivlet tilbage til Umiddelbarheden, men bestandigt med Bevidsthed om Selvet, som han ikke vil være. I første Tilfælde, naar Fortvivlelsen potentseres, bliver den Trods, og det vorder nu aabenbart, hvor megen Usandhed der laae i dette med Svagheden, det bliver aabenbart, hvor dialektisk rigtigt det er, at det første Udtryk for Trods er just Fortvivlelse over sin Svaghed.

Dog lad os til Slutning see endnu engang en Smule ind til den Indesluttede, der i Indesluttetheden marscherer paa Stedet. Bevares denne Indesluttethed absolut, *omnibus numeris absoluta,** saa vil Selvmord blive den Fare, som ligger ham nærmest. Mennesker, som disse ere fleest, have naturligviis ingen Anelse om hvad en saadan Indesluttet formaaer at bære; fik de det at vide, vilde de forbauses. Men saa er Selvmord igjen Faren for den absolut Indesluttede. Taler han derimod til Een, aabner han sig for et eneste Menneske, saa er han efter al Sandsynlighed afspændt saa meget, eller spændt saa meget ned, at Selvmordet ikke resulterer af Indesluttetheden. En saadan Indesluttethed med een Medvider er en heel Tone mildere end den absolute. Han vil saa sandsynligviis undgaae Selvmordet. Dog kan det hænde, at han, just idet han har aabnet sig for en Anden, fortvivler derover, at det er ham, som maatte han dog uendelig langt hellere have holdt ud i Tausheden, end at have en Medvider. Sligt har man Exempler paa, at en Indesluttet just er bragt til Fortvivlelse ved at have faaet en Fortrolig. Saa kan dog et Selvmord blive Følgen. Digterisk vilde Katastrophen (*poetice* antaget, at Personen f. Ex. var Konge eller Keiser) ogsaa kunne være at danne saaledes, at han lod den Fortrolige slaae ihjel. Men kunde tænke sig en saadan dæmonisk Tyran, der følte Trang til at tale med et Menneske om sin Qval, og saa successive forbrugte en Slump Mennesker; thi at blive hans Fortrolige var den visse Død: saasnart Tyrannen havde udtalt sig for ham, blev han ihjelslaaet. – Det vilde være en Opgave for en Digter, at fremstille denne qvalfulde Selvmodsigelse i en Dæmonisk, ikke at kunne undvære en Fortrolig, og ikke at kunne have en Fortrolig, løst paa denne Maade.

β) Den Fortvivlelse, fortvivlet at ville være sig selv, Trods.

Som der blev viist, at man kunde kalde α Qvindelighedens Fortvivlelse, saaledes kan man kalde denne Fortvivlelse Mandlighedens. Den er derfor ogsaa i Forhold til den foregaaende: Fortvivlelse seet under Bestemmelsen Aand. Men saaledes er just ogsaa Mandlighed væsentlig hørende under Bestemmelsen Aand, medens Qvindelighed er en lavere Synthese.

Den under α, 2 beskrevne Fortvivlelse var over sin Svaghed, den Fortvivlede vil ikke være sig selv. Men gaaes der dialektisk eet eneste Skridt videre, kommer den saaledes Fortvivlede til Bevidsthed om, hvorfor han ikke vil være sig selv, saa slaaer det om, saa er Trodsen der, thi saa er det just fordi han fortvivlet vil være sig selv.

Først kommer Fortvivlelse over det Jordiske eller noget Jordisk, saa Fortvivlelse om det Evige over sig selv. Saa kommer Trodsen, der egentlig er Fortvivlelse ved Hjælp af det Evige, den fortvivlede Misbrug af det Evige, der er i Selvet, til fortvivlet at ville være sig selv. Men just fordi den er Fortvivlelse ved Hjælp af det Evige, ligger den i en vis Forstand det Sande meget nær; og just fordi den ligger det Sande meget nær, er den uendelig langt borte. Den Fortvivlelse, der er Gjennemgangen til Troen, er ogsaa ved Hjælp af det Evige; ved Hjælp af det Evige har Selvet Mod til at tabe sig selv for at vinde sig selv; her derimod vil det ikke begynde med at tabe sig selv, men vil være sig selv.

I denne Form af Fortvivlelse er nu Stigen i Bevidsthed om Selvet, altsaa større Bevidsthed om hvad Fortvivlelse er, og om, at Ens Tilstand er Fortvivlelse; her er Fortvivlelsen sig bevidst som en Gjerning, den kommer ikke fra det Udvortes som en Liden under Udvorteshedens Tryk, den kommer directe fra Selvet. Og saaledes er dog Trods, i Forhold til Fortvivlelse over sin Svaghed, en ny Qvalification.

For fortvivlet at ville være sig selv, maa der være Bevidsthed om et uendeligt Selv. Dette uendelige Selv er imidlertid egentligen kun den abstrakteste Form, den abstrakteste Mulighed af Selvet. Og det er dette Selv han fortvivlet vil være, løsrivende Selvet fra ethvert Forhold til en Magt, der har sat det, eller løsrivende det fra Forestillingen om, at der er en saadan Magt til. Ved Hjælp af denne uendelige Form vil Selvet fortvivlet raade over sig selv, eller skabe sig selv, gjøre sit Selv til det Selv, han vil være, bestemme hvad han i sit concrete Selv vil have med og hvad ikke. Hans concrete Selv eller hans Concretion har jo Nødvendighed og Grændse, er dette ganske Bestemte, med disse Evner, Anlæg, o. s. v., i denne Forholdenes Concretion o. s. v. Men ved Hjælp af den uendelige Form, det negative Selv, vil han først paatage sig at danne dette Hele om, for saa at faae et Selv ud deraf som han vil, frembragt ved Hjælp af det negative Selvs uendelige Form – og saa vil han være sig selv. Det vil sige, han vil begynde lidt tidligere end andre Mennesker, ikke ved og med Begyndelsen, men „i Begyndelsen"; * han vil ikke iføre sig sit Selv, ikke i det ham givne Selv see sin Opgave, han vil ved Hjælp af at være den uendelige Form selv construere det.

Vilde man have et fælles Navn for denne Fortvivlelse, kunde man kalde den Stoicisme, dog saaledes, at man ikke blot tænkte paa hiin Sect. Og for nærmere at belyse denne Art Fortvivlelse gjør man bedst Forskjel mellem et handlende Selv og et lidende

Selv, og viser, hvorledes Selvet, naar det er Handlende, forholder sig til sig selv, og hvorledes Selvet, naar det er Lidende, i at lide forholder sig til sig selv, at Formelen bestandig er: fortvivlet at ville være sig selv.

Er det fortvivlede Selv en *Handlende* forholder det sig egentlig bestandig blot experimenterende til sig selv, i hvad det saa end foretager, hvor stort, hvor forbausende, med hvor megen Udholdenhed. Det erkjender ingen Magt over sig, derfor mangler det i sidste Grund Alvor, og kan kun fremkogle et Skin af Alvor, naar det selv skjenker sine Experimenter sin allerhøieste Opmærksomhed. Dette er nu en tilløiet Alvor: som den Ild Prometheus stjal fra Guderne – saaledes er dette at stjæle fra Gud den Tanke, som er Alvoren, at Gud seer paa En, istedetfor hvilket det fortvivlede Selv nøies med at see paa sig selv, hvilket nu skal skjenke hans Foretagender den uendelige Interesse og Betydning, medens dog just dette gjør dem til Experimenter. Thi om endog dette Selv ikke gaaer saavidt i Fortvivlelse, at det bliver en experimenteret Gud: intet afledet Selv kan dog ved at see paa sig selv give sig selv mere end det selv er; det bliver dog Selvet først og sidst, i Selvfordoblelsen bliver det dog til hverken Mere eller Mindre end Selvet. Forsaavidt arbeider Selvet, i sin fortvivlede Stræben for at ville være sig selv, sig ind i lige det Modsatte, det bliver egentligen intet Selv. Der er i den hele Dialektik, indenfor hvilken det handler, intet Fast; hvad Selvet er, staaer i intet Øieblik fast, det er, evig fast. Den negative Form af Selvet udøver ligesaa meget den løsende, som den bindende Magt; det kan ganske vilkaarligt hvert Øieblik begynde forfra, og hvor længe end een Tanke forfulgtes, den hele Handling er indenfor en Hypothese. Det er saa langt fra at det lykkes Selvet mere og mere at blive sig selv, at det blot mere og mere bliver aabenbart, at det er et hypothetisk Selv. Selvet er sin egen Herre, absolut, som det hedder, sin egen Herre, og just dette er Fortvivlelsen, men ogsaa hvad det anseer for sin Lyst, sin Nydelse. Dog forvisser man sig ved et nærmere Eftersyn let om, at denne absolute Hersker er en Konge uden Land, han regjerer egentligen over Intet; hans Tilstand, hans Herredom underligger den Dialektik, at i ethvert Øieblik Oprøret er Legitimitet. Dette beroer nemlig til syvende og sidst vilkaarligt paa Selvet selv.

Det fortvivlede Selv bygger altsaa bestandigt kun Luftcasteller, og fægter bestandigt blot i Luften. Det seer brillant ud med alle disse experimenterede Dyder; de fortrylle et Øieblik som en østerlandsk Digtning; en saadan Selvbeherskelse, en saadan Urokkelighed, en saadan Ataraxi* o. s. v., grændser næsten til det Fabelagtige. Ja, det gjør den rigtignok; og til Grund for det Hele ligger ogsaa Intet. Selvet vil fortvivlet nyde hele Tilfredsstillelsen af at gjøre sig til sig selv, at udvikle sig selv, at være sig selv, det vil have Æren af dette digteriske, mesterlige Anlæg, hvorledes det har forstaaet sig selv. Og dog er det i sidste Grund en Gaade hvad det forstaaer ved sig selv; lige i det Øieblik, hvor det synes at det er allernærmest ved at have Bygningen færdig, kan det vilkaarligt løse det Hele op i Intet.

Er det fortvivlende Selv en *Lidende*, er Fortvivlelsen dog: fortvivlet at ville være sig selv. Maaskee støder et saadant experimenterende Selv, der fortvivlet vil være sig selv, idet det foreløbigt orienterer sig i sit concrete Selv, paa en eller anden Vanskelighed, Noget hvad den Christne vilde kalde et Kors, en Grund-Skade, denne være nu en hvilken. Det negative Selv, den uendelige Form af Selvet, vil maaskee først kaste dette reent bort, lade som var det ikke til, ikke vide af det at sige. Men det lykkes ikke, saavidt strækker dets Færdighed i at experimentere ikke, end ikke dets Færdighed i at abstrahere strækker saavidt; promethisk* føler det uendelige, negative Selv sig naglet til denne Servitut. Det er altsaa her et lidende Selv. Hvorledes viser nu sig Fortvivlelsen der er, fortvivlet at ville være sig selv?

See, der er i det Foregaaende fremstillet den Form af Fortvivlelse: at fortvivle over det Jordiske eller noget Jordisk saaledes forstaaet, at dette i Grunden er, ogsaa viser sig at være, at fortvivle om det Evige, ꝯ: ikke at ville lade sig trøste af og helbrede ved det Evige, at anslaae det Jordiske saa høit, at det Evige ingen Trøst kan være. Men det er ogsaa en Form af Fortvivlelse, det ikke at ville haabe paa Muligheden af, at en jordisk Nød, et timeligt Kors kan hæves. Det vil nu denne Fortvivlelse, der fortvivlet vil være sig selv, ikke. Har han forvisset sig om, at denne Pæl i Kjødet* (hvad enten det nu virkelig er saa, eller hans Lidenskab gjør at det er ham saa) nager saa dybt, at han ikke kan abstrahere fra den,[3] saa vil han evigt ligesom overtage den. Han forarges saa paa den, eller rettere, han tager af den Anledning til at forarges paa hele Tilværelsen; han vil saa tiltrods være sig selv, ikke tiltrods for den være sig selv uden den (det er jo at abstrahere fra den, og det kan han ikke, eller det er Bevægelsen i Retning af Resignationnen), nei han vil tiltrods for eller paa Trods mod hele Tilværelsen være sig selv med den, tage den med, næsten trodsende paa sin Qval. Thi haabe paa Mulighed af Hjælp, især da i Kraft af det Absurde, at for Gud er Alt muligt, nei, det vil han ikke. Og søge Hjælp hos nogen Anden, nei, det vil han for Alt i Verden ikke, han vil hellere, om saa skulde være, med alle Helvedes Qvaler være sig selv end søge Hjælp.

Og sandeligen det er dog just ikke saa ganske sandt, Det der tales om, „at det da følger af sig selv at en Lidende saa gjerne vil hjælpes, naar blot Nogen kan hjælpe ham“ – det er langtfra saa, om det Modsatte end ikke altid er saa fortvivlet som her. Sagen er denne. En Lidende har gjerne een eller flere Maader, paa hvilke han kunde ønske at hjælpes. Bliver han saaledes hjulpen, ja saa vil han gjerne hjælpes. Men naar det i dybere Forstand bliver Alvor med at skulle hjælpes, især da af en Høiere, eller den Høieste – dette Ydmygende at maatte tage mod Hjælpen ubetinget paa enhver Maade, at blive som et Intet i „Hjælperens" Haand, for hvem Alt er muligt, eller blot det at maatte bøie sig for et andet Menneske, saalænge man søger Hjælpen at maatte opgive at være sig selv: o, der er vistnok megen, endog langvarig og qvalfuld Lidelse, i hvilken dog ikke Selvet ømmer sig saaledes, og som det derfor i Grunden foretrækker med Bibehold af at være sig selv.

Men jo mere Bevidsthed der er i en saadan Lidende, som fortvivlet vil være sig selv, desto mere potentserer Fortvivlelsen sig ogsaa, og bliver det Dæmoniske. * Dets Oprindelse er gjerne denne. Et Selv, der fortvivlet vil være sig selv, ømmer sig i en eller anden Piinagtighed, der nu engang ikke lader sig borttage eller adskille fra hans concrete Selv. Just paa denne Qval kaster han saa hele sin Lidenskab, der tilsidst bliver en dæmonisk Rasen. Om det nu var saa, om Gud i Himlene og alle Engle tilbøde ham at hjælpe ham af dermed, nei, nu vil han ikke, nu er det for sildigt, han havde engang gjerne givet Alt for at blive denne Qval qvit, man lod ham vente, nu er det bagefter, nu vil han hellere rase mod Alt, være den af hele Verden, af Tilværelsen Forurettede, hvem det just er af Vigtighed at passe paa at han har sin Qval ved Haanden, at Ingen tager den fra ham – thi saa kan han jo ikke bevise og overbevise sig selv, at han har Ret. Dette sætter sig tilsidst saadan fast i Hovedet paa ham, at han af en ganske egen Grund er bange for Evigheden, at den nemlig skal skille ham af med hans, dæmonisk forstaaede, uendelige Fortrin for andre Mennesker, hans, dæmonisk forstaaet, Berettigelse til at være den han er. – Sig selv vil han være; han begyndte med den uendelige Abstraktion af Selvet, og nu er han tilsidst blevet saa concret, at det vilde være en Umulighed i den Forstand at blive evig, og dog vil han fortvivlet være sig selv. O, dæmoniske Afsindighed, han raser allermeest ved Tanken om, at Evigheden kunde faae isinde at tage hans Elendighed fra ham.

Denne Art Fortvivlelse sees sjeldent i Verden, saadanne Skikkelser forekomme egentligen kun hos Digterne, de virkelige at sige, der altid laane deres Skabninger den „dæmoniske" Idealitet, dette Ord taget i reen græsk Forstand. * Imidlertid forekommer en saadan Fortvivlelse dog ogsaa i Virkeligheden. Hvilken er saa den tilsvarende Udvorteshed? Ja, der er ingen „tilsvarende", som da en tilsvarende Udvorteshed, tilsvarende til Indesluttethed er en Selvmodsigelse; thi er den tilsvarende er den jo aabenbarende. Men Udvortesheden er her det aldeles Ligegyldige, her hvor Indesluttetheden, eller hvad man kunde kalde en Inderlighed der er gaaet i Baglaas, er saa overveiende Det, der maa paaagtes. De laveste Former af Fortvivlelse, hvor der egentligen ingen Inderlighed var, og hvor der i ethvert Tilfælde Intet var at sige om den, de laveste Former af Fortvivlelse maatte man fremstille ved at beskrive eller ved at tale Noget om saadanne Fortvivledes Udvorteshed. Men jo mere aandelig Fortvivlelsen bliver, jo mere Inderligheden bliver en egen Verden for sig i Indesluttetheden, desto ligegyldigere er det med det Udvortes, hvorunder Fortvivlelsen skjuler sig. Men netop jo mere aandelig Fortvivlelsen bliver, desto mere er den selv opmærksom paa med dæmonisk Kløgt at holde Fortvivlelsen indesluttet i Indesluttetheden, og desto mere opmærksom derfor paa at sætte det Udvortes i Indifferents, gjøre det saa ubetydeligt og ligegyldigt som muligt. Som i Overtroens Fortælling* Trolden forsvinder gjennem en Rift, hvilken Ingen kan see, saaledes er det Fortvivlelsen, netop jo mere aandelig den er, desto mere magtpaaliggende at boe i en Udvorteshed, bag hvilken ordentligviis Ingen vilde falde paa at søge den. Denne Skjulthed er just noget Aandeligt, og et af Betryggelses-Midlerne for at sikkre sig at have ligesom bag Virkeligheden et *Inde* lukke, en Verden *ude* lukkende for sig selv, en Verden, hvor det fortvivlede Selv rastløs og tantalisk er beskjæftiget med at ville være sig selv.

Vi begyndte (α 1) med den laveste Form af Fortvivlelse, som fortvivlet ikke vil være sig selv. Den dæmoniske Fortvivlelse er den meest potentserede af den Fortvivlelse, der fortvivlet vil være sig selv. Denne Fortvivlelse vil end ikke i stoisk Forgabelse i sig selv og Selvforgudelse være sig selv, vil ikke som den, vistnok løgnagtigt, men dog i en vis Forstand efter sin Fuldkommenhed være sig selv; nei, den vil i Had til Tilværelsen være sig selv, være sig selv efter sin Elendighed; den vil end ikke i Trods eller trodsigt, men paa Trods være sig selv; den vil end ikke i Trods rive sit Selv løs fra den Magt, der satte det, den vil paa Trods paanøde sig den, paatrodse sig den, vil af Malice holde sig til den – og det forstaaer sig, en ondskabsfuld Indvending maa jo ogsaa for Alt passe paa at holde sig til Det, hvorimod den er Indvendingen. Den mener, oprørende sig mod hele Tilværelsen, at have faaet et Beviis mod denne, mod dennes Godhed. Dette Beviis mener den Fortvivlede sig selv at være, og det er det han vil være, derfor vil han være sig selv, sig selv i sin Qval, for med denne Qval at protestere hele Tilværelsen. Medens den svagt Fortvivlende Intet vil høre om, hvad Trøst Evigheden har for ham, saa vil en saadan Fortvivlet heller Intet høre derom, men af en anden Grund: just denne Trøst vilde jo være hans Undergang – som Indvending mod hele Tilværelsen.

Det er, for at beskrive det billedligt, som hvis der for en Forfatter indløb en Skrivfejl, og denne blev sig bevidst som saadan – maaskee var det dog egentligen ingen Feil, men i en langt høiere Forstand et væsentligt Medhenhørende i hele Fremstillingen – det er som hvis nu denne Skrivfeil vilde gjøre Oprør mod Forfatteren, af Had til ham formene ham at rette, og i vanvittig Trods sige til ham: nei, jeg vil ikke udslettes, jeg vil staae som et Vidne mod Dig, et Vidne om, at Du er en maadelig Forfatter.

Andet afsnit

Fortvivlelse er Synden

A
Fortvivlelse er Synden

Synd er: *for Gud, eller med Forestillingen om Gud fortvivlet ikke at ville være sig selv, eller fortvivlet at ville være sig selv*. Synd er saaledes den potentserede Svaghed eller den potentserede Trods: Synd er Potentsationen af Fortvivlelse. Det hvorpaa Eftertrykket ligger, er: *for Gud*, eller at Guds-Forestillingen er med; det, der dialektisk, ethisk, religieust gjør Synd til hvad Juristerne kalde „qvalificeret" Fortvivlelse, er Guds-Forestillingen.

Skjøndt der i dette Afsnit, mindst da i A, ikke er Plads til eller Sted for psychologisk Skildring, maa dog her som det meest dialektiske Confinium mellem Fortvivlelse og Synd anføres, hvad man kunde kalde en Digter-Existents i Retning af det Religieuse, * en Existents, der har noget tilfælles med Resignationens Fortvivlelse, kun at Guds-Forestillingen er med. En saadan Digter-Existents vil, hvad der sees af Kategoriernes Conjunktion* og Stilling, være den eminenteste Digter-Existents. Christelig betragtet (trods al Æsthetik) enhver Digter-Existents Synd, den Synd: at digte istedetfor at være, at forholde sig til det Gode og

Sande gjennem Phantasi istedetfor at være det, det er, existentielt stræbe at være det. Den Digter-Existents, om hvilken vi her tale, er deri forskjellig fra Fortvivlelse, at den har Guds-Forestillingen med sig, eller er for Gud; men den er uhyre dialektisk, og som et uigjennemtrængeligt dialektisk Virvar over, om hvorvidt den dunkelt er sig bevidst at være Synd. En saadan Digter kan have meget dyb religieus Trang, og Forestillingen om Gud er medoptaget i hans Fortvivlelse. Han elsker Gud over Alt, Gud som er ham hans eneste Trøst i hans hemmelige Qval, og dog elsker han Qvalen, den vil han ikke slippe. Han vil saa gjerne være sig selv for Gud, dog ikke i Henseende til det faste Punkt, hvori Selvet lider, der vil han fortvivlet ikke være sig selv; han haaber paa at Evigheden vil tage det bort, og her i Timeligheden kan han, hvormeget han end lider derunder, ikke beslutte sig til at overtage det, ikke troende ydmyge sig derunder. Og dog vedbliver han at forholde sig til Gud, og dette er hans eneste Salighed; det vilde være ham den største Rædsel at skulle undvære Gud, „det vilde være til at fortvivle over"; og dog tillader han sig egentligen, men maaskee ubevidst, at digte Gud en lille Smule anderledes end Gud er, lidt mere a la en kjerlig Fader, som altformeget føier Barnets – eneste Ønske. Som En der blev ulykkelig i Elskov, og derved blev Digter, livsaligt priser Elskovens Lykke: saaledes bliver han Religieusitetens Digter. Han blev ulykkelig i Religieusitet, han forstaaer dunkelt, at det der fordres af ham er at slippe denne Qval, ?: troende at ydmyge sig under den og overtage den som hørende med til Selvet – thi han vil holde den ude fra sig og just derved holder han den fast, skjøndt han rigtignok (hvad der, som hvert Ord af en Fortvivlet, er bagvendt rigtigt og altsaa at forstaae omvendt) mener, at dette skal betyde, at skille sig af med den, saa godt som muligt, at slippe den, saa godt som det er et Menneske muligt. Men troende at overtage den, det kan han ikke, det er, det vil han i sidste Forstand ikke, eller, her ender hans Selv i Dunkelhed. Men som hiin Digters Beskrivelse af Elskov, saaledes har denne Digters Beskrivelse af det Religieuse en Fortryllelse, et lyrisk Sving, som ingen Ægtemands og ingen Velærværdigheds. Det er heller ikke usandt hvad han siger, ingenlunde, hans Fremstilling er just hans lykkeligere, hans bedre Jeg. Han er i Forhold til det Religieuse en ulykkelig Elsker, ?: han er ikke i streng Forstand en Troende; han har kun det Første af Troen: Fortvivlelsen, og i den en brændende Længsel efter det Religieuse. Hans Kollision er egentligen denne: er han den Kaldede, er Pælen i Kjødet Udtrykket for, at han skal bruges til det Overordentlige, er det for Gud ganske i sin Orden med det Overordentlige, han er blevet? eller er Pælen i Kjødet Det, han skal ydmyge sig under, for at naae det almene Menneskelige? – Dog nok herom, jeg kan med Sandhedens Eftertryk sige: til hvem taler jeg? Saadanne psychologiske Undersøgelser i nte Potents, hvo bryder sig om Sligt; de Nürnberger-Billeder, som Præsten maler, kan man bedre forstaae, de ligne Alle og Enhver, skuffende, Folk som de ere fleest, og, aandeligt forstaaet, Ingenting.

FØRSTE KAPITEL

Gradationerne i Bevidstheden om Selvet. (Bestemmelsen: for Gud

I det foregaaende Afsnit er der stadigt efterviist en Gradation i Bevidsthed om Selvet; først kom Uvidenhed om at have et evigt Selv (C. B. a.), saa en Viden om at have et Selv, hvori der dog er noget Evigt (C. B. b.), og herindenfor (α. 1. 2. β) blev igjen efterviist Gradationer. Denne hele Betragtning maa nu dialektisk vendes paa en ny Maade. Sagen er denne. Den Gradation i Bevidstheden om Selvet, vi hidtil have beskjæftiget os med, er indenfor Bestemmelsen: det menneskelige Selv, eller det Selv, hvis Maalestok er Mennesket. Men en ny Qvalitet og Qvalification faaer dette Selv derved, at det er Selvet lige over for Gud. Dette Selv er ikke mere det blot menneskelige Selv, men er, hvad jeg, haabende ikke at blive misforstaaet, vilde kalde det theologiske Selv, Selvet lige over for Gud. Og hvilken uendelig Realitet faaer Selvet ikke ved at være sig bevidst at være til for Gud, ved at blive et menneskeligt Selv, hvis Maalestok er Gud! En Røgter, der (hvis dette var muligt) er Selv lige over for Kjøer, er et meget lavt Selv; en Hersker, der er Selv lige over for Trælle, ligeledes, og egentligen intet Selv – thi i begge Tilfælde mangler der Maalestok. Barnet, der hidtil blot har havt Forældrenes Maalestok, bliver Selv ved som Mand at faae Staten til Maalestok; men hvilken uendelig Accent falder der paa Selvet ved at faae Gud til Maalestok! Maalestokken for Selvet er altid: hvad Det er, lige over for hvilket det er Selv, men Dette er jo igjen Definitionen paa hvad „Maalestok" er. Som man kun kan addere eensartede Størrelser, saaledes er enhver Ting qvalitativt Det, hvormed den maales; og Det, der qvalitativt er dens Maalestok, er ethisk dens Maal; og Maalestokken og Maalet er qvalitativt Det, Noget er, med Undtagelse da af Forholdet i Frihedens Verden, hvor imidlertid En ved ikke qvalitativt at være Det, som er hans Maal og hans Maalestok, selv maa have forskyldt denne Disqvalification, saa Maalet og Maalestokken dog – dømmende bliver den samme, gjør det aabenbart, hvad det er han ikke er, Det nemlig, som er hans Maal og Maalestok.

Det var en meget rigtig Tanke, til hvilken saa ofte en ældre Dogmatik* recurrerede, * medens en senere Dogmatik* saa ofte opholdt sig over den, fordi den manglede Forstand derpaa og Sands derfor – det var en meget rigtig Tanke, om der end stundom gjordes forkeert Anvendelse af den: at Det, der gjorde Synden til det Frygtelige var, at den var for Gud. Deraf beviste man saa Helvedesstraffens Evighed. Senere blev man kløgtig, og sagde: Synd er Synd; Synden er ikke større, fordi den er mod Gud eller for Gud. * Besynderligt! selv Juristerne tale om qvalificerede Forbrydelser, selv Juristerne gjøre Forskjel, om en Forbrydelse f. Ex. er udøvet mod en Embedsmand, eller mod en Privatmand, gjøre Forskjel i Straf for et Fadermord og et almindeligt Mord.

Nei, deri havde den ældre Dogmatik Ret, at det at Synden var mod Gud, uendelig potentserede den. Feilen laae i, at man betragtede Gud som noget Udvortes, og i, at det var, som om man antog, at der kun stundom syndedes mod Gud. Men Gud er ikke noget Udvortes i den Forstand som en Politibetjent. Det der maa sees paa, er, at Selvet har Forestillingen om Gud, og at det saa dog ikke vil som han vil, saa dog er ulydig. Ei heller er det kun stundom der syndes for Gud; thi enhver Synd er for Gud, eller rettere, Det, der egentligen gjør den menneskelige Skyld til Synd, er, at den Skyldige havde Bevidstheden om at være til for Gud.

Fortvivlelsen potentseres i Forhold til Bevidsthed om Selvet; men Selvet potentseres i Forhold til Maalestokken for Selvet, og uendeligt naar Gud er Maalestokken. Jo mere Guds-Forestilling, jo mere Selv; jo mere Selv, jo mere Guds-Forestilling. Først naar et Selv, som dette bestemte enkelte, er sig bevidst at være til for Gud, først da er det det uendelige Selv; og dette Selv synder saa for Gud. Hedenskabets Selviskhed er derfor, trods Alt hvad der kan siges om den, dog ikke nær saa qvalificeret som Christenhedens, forsaavidt ogsaa her er Selviskhed; thi Hedningen havde ikke sit Selv lige over for Gud. Hedningen og det naturlige Menneske har det blot menneskelige Selv som Maalestok. Man kan derfor vel have Ret i fra et høiere Synspunkt at see Hedenskabet liggende i Synd, men Hedenskabets Synd var egentlig den fortvivlede Uvidenhed om Gud, om at være til for Gud; den er: „at være uden Gud i Verden.“* Fra en anden Side er det derfor sandt, at Hedningen ikke i strengeste Forstand syndede, thi han syndede ikke for Gud; og al Synd er for Gud. Det er fremdeles ogsaa i een Forstand ganske vist, at mange Gange er en Hedning hjulpet til at slippe saadan upaaklageligt gjennem Verden, just fordi hans pelagiansk-letsindige* Forestilling frelste ham; men saa er hans Synd en anden: denne pelagiansk-letsindige Opfattelse. Derimod er det paa den anden Side ogsaa ganske vist, at mangen Gang er et Menneske, just ved at være strengt opdraget i Christendom, i en vis Forstand styrtet i Synd, fordi den hele christelige Anskuelse var ham for alvorlig, især i en tidligere Tid af hans Liv; * men saa er dog i en anden Forstand dette igjen noget til Hjælp for ham, denne dybere Forestilling om, hvad Synd er.

Synd er: for Gud fortvivlet ikke at ville være sig selv, eller for Gud fortvivlet at ville være sig selv. Men er denne Definition, om den end i andre Henseender dog maaskee indrømmes at have sine Fortrin (og deriblandt det vigtigste af alle at være den eneste skriftmæssige; thi Skriften definerer altid Synd som Ulydighed), er den ikke for aandelig? Dertil maa først og fremmest svares: en Definition af Synd kan aldrig være for aandelig (naar den da ikke bliver saa aandelig, at den afskaffer Synd); thi Synd er just en Bestemmelse af Aand. Og dernæst: hvorfor skulde den da være for aandelig? Fordi den ikke taler om Mord, Tyveri, Utugt o. D.? Men taler den da ikke derom? Er det ikke ogsaa en Selvraadighed mod Gud, en Ulydighed, der trodser hans Bud? Men derimod, naar man i at tale om Synd kun taler om saadanne Synder, glemmes saa let, at alt Sligt saadan til en vis Grad, menneskelig talt, kan være i sin Orden, og dog det hele Liv Synd, den bekjendte Art Synd: de glimrende Laster, Selvraadighed, der enten aandløst eller frækt forbliver eller vil være uvidende om, i hvilken uendelig langt dybere Forstand et menneskeligt Selv er Gud forpligtet i Lydighed betræffende hver dets lønligste Ønske og Tanke, betræffende Lydhørethed til at opfatte og Villighed til at følge hvert det mindste Guds Vink om, hvad hans Villie er med dette Selv. Kjødets Synder er det lavere Selvs Selvraadighed; men hvor ofte uddrives ikke een Djævel ved Djævelens Hjælp*, og det Sidste bliver værre end det Første. Thi saaledes gaaer det jo just til i Verden: først synder et Menneske af Skrøbelighed og Svaghed; og saa – ja saa maaskee lærer han at flye til Gud, og hjælpes til Troen, der frelser fra al Synd; men derom tale vi nu ikke her – saa fortvivler han over sin Svaghed, og bliver enten en Pharisæer, som fortvivlet driver det til en vis legal Retfærdighed, eller han fortvivlet styrter sig i Synden igjen.

Definitionen omfatter derfor vistnok enhver tænkelig og enhver virkelig Form af Synd; den udhæver dog vistnok rigtigt det Afgjørende, at Synd er Fortvivlelse (thi Synd er ikke Kjød og Blods Vildhed, men er Aandens Samtykke deri), og er: for Gud. Som Definition er den Bogstavregning; det vilde i dette lille Skrift være paa urette Sted og desuden et Forsøg, som maatte mislykkes, hvis jeg vilde begynde paa at beskrive de enkelte Synder. Hovedsagen er her blot, at Definitionen som et Net omfatter alle Former. Og det gjør den, hvilket ogsaa kan sees, naar man gjør Prøve paa den ved at stille Modsætningen, Definitionen paa: Tro, hvilken jeg i hele dette Skrift styrer som efter det sikre Sømærke. Tro er: at Selvet i at være sig selv og i at ville være sig selv gjennemsigtigt grunder i Gud.

Men dette er ofte nok blevet overseet, at Modsætningen til Synd ingenlunde er Dyd. Dette er en tildeels hedensk Betragtning, som nøies med en blot menneskelig Maalestok, som netop ikke veed, hvad Synd er, at al Synd er for Gud. Nei, *Modsætningen til Synd er Tro*, som det derfor hedder Rom. 14, 23: Alt hvad der ikke er af Tro er Synd. Og dette er en af de for hele Christendommen meest afgjørende Bestemmelser, at Modsætningen til Synd ikke er Dyd, men Tro.

TILLÆG

At Definitionen paa Synd har Forargelsens Mulighed i sig; en almindelig Bemærkning om Forargelse.

Modsætningen: Synd – Tro er den christelige, der, christelig, omdanner alle ethiske Begrebsbestemmelser, giver dem eet Udtræk mere. Til Grund for Modsætningen ligger det afgjørende Christelige; for Gud, hvilken Bestemmelse igjen har det Christeliges afgjørende Criterium: det Absurde, Paradoxet, Forargelsens Mulighed. Og at dette paavises ved enhver Bestemmelse af det Christelige, er af yderste Vigtighed, da Forargelsen er det Christeliges Værge mod al Speculation. Hvor er da her Forargelsens Mulighed? Den er, at et Menneske skulde have den Realitet: som *enkelt* Menneske at være til lige over for Gud, og altsaa igjen, hvad deraf følger, at Menneskets Synd skulde beskjæftige Gud. Dette om det enkelte Menneske – for Gud faaer Speculationen aldrig i sit Hoved; den universaliserer blot de enkelte Mennesker phantastisk i Slægten. Just derfor var det ogsaa, at en vantro Christendom udfandt, at Synd er Synd, om den er lige over for Gud eller ikke, gjør jo hverken fra eller til. Det vil sige, man vilde have Bestemmelsen: for Gud bort, og dertil opfandt man en høiere Viisdom, der dog, besynderligt nok, hverken var mere eller mindre end, hvad den høiere Viisdom rigtignok oftest er, det gamle Hedenskab.

Der er nu saa ofte talet om, at man forargedes paa Christendommen, fordi den er saa mørk og dunkel, forargedes paa den, fordi den er saa streng o. s. v.; det bliver dog nok rigtigst engang at oplyse, at det hvorfor Mennesket egentligen forarges paa Christendommen er, fordi den er for høi, fordi dens Maal ikke er Menneskets Maal, fordi den vil gjøre Mennesket til noget saa Overordentligt, at han ikke kan faae det i sit Hoved. Dette vil ogsaa en ganske simpel psychologisk Udvikling af, hvad Forargelse er, opklare, og tillige vise, hvor uendelig taabelig man har baaret sig ad med at forsvare Christendommen, saa man tog Forargelsen bort; hvor dumt eller frækt man har ignoreret Christi egen Anviisning, der ofte og saa bekymret advarer mod Forargelsen, det er, selv paapeger, at dens Mulighed er der, og skal være der; thi skal den ikke være der, er den ikke et evig væsentlig Medhenhørende til det Christelige, saa er det jo menneskelig Nonsens af Christus: istedetfor at tage den bort, at gaae bekymret og advare mod den.

Dersom jeg tænkte mig en fattig Dagleier og den mægtigste Keiser, der nogensinde har levet, og denne den mægtigste Keiser pludselig fik det Indfald at sende Bud efter Dagleieren, der da aldrig havde drømt om, og „i hvis Hjerte det aldrig var opkommet,“* at Keiseren vidste, han var til, der da vilde prise sig ubeskrivelig lykkelig blot ved engang at faae Lov til at see Keiseren, hvad han i saa Fald vilde fortælle Børn og Børnebørn som den vigtigste Begivenhed i sit Liv – dersom Keiseren sendte Bud efter ham og lod ham vide, at han vilde have ham til Svigersøn: hvad saa? Saa vilde Dagleieren paa menneskelig Viis blive noget eller meget forlegen, flau og generet derved, det vilde (og dette er det Menneskelige), menneskeligt, forekomme ham som noget høist besynderligt, afsindigt Noget, hvorom han da mindst af Alt turde tale til noget andet Menneske, da han selv allerede i sit stille Sind ikke var langt fra den Forklaring, som Nabo og Gjenbo snarest muligt vilde faae yderst travlt med: at Keiseren vilde gjøre Nar af ham, saa Dagleieren vilde blive til Latter for hele Byen, han aftegnet i Bladet, Historien om hans Formæling med Keiserens Datter solgt af Visekjerlingerne. Dog det med at blive Keiserens Svigersøn, det maatte da vel snart vorde en udvortes Virkelighed, saa Dagleieren paa sandselig Maade kunde forvisse sig om, hvorvidt det var Keiserens Alvor dermed, eller han blot vilde have det stakkels Menneske til Bedste, gjøre ham ulykkelig for hele hans Levetid, og hjælpe ham til at ende i en Daarekiste; thi det *quid nimis** er tilstede, som saa uendeligt let kan slaae om til sit Modsatte. En lille Gunstbeviisning, det vilde Dagleieren kunne faae i sit Hoved; det vilde blive forstaaet i Kjøbstaden, af det høistærede dannede Publicum, af alle Visekjerlinger, kort af de 5 Gange 100, 000 Mennesker, som boede i hiin Kjøbstad, der rigtignok i Henseende til Folkemængde var endog en meget stor Stad, derimod i Henseende til at have Forstand paa og Sands for det Overordentlige, en meget lille Kjøbstad – men dette, med at blive Svigersøn, ja, det var meget for meget. Og sæt nu, at det ikke var en udvortes Virkelighed, der var Tale om, men om en indvortes, saa altsaa Facticiteten ikke kunde hjælpe Dagleieren til Vished, men Troen selv var den eneste Facticitet, og Alt altsaa overladt til Troen; om han havde ydmygt Mod nok til at turde troe det (thi frækt Mod kan ikke hjælpe til at *troe*): hvor mange Dagleiere var der saa vel, som havde dette Mod? Men Den, der ikke havde dette Mod, han vilde forarges; det Overordentlige vilde for ham lyde næsten som en Spot over ham. Han vilde saa maaskee ærligt og ligefrem tilstaae: Sligt er mig for høit, jeg kan ikke faae det i mit Hoved, det er, at jeg skal sige det lige ud, mig en Daarskab.

Og nu Christendommen! Christendommen lærer, at dette enkelte Menneske, og saaledes ethvert enkelt Menneske, hvad han saa forresten er, Mand, Kone, Tjenestepige, Minister, Kjøbmand, Barbeer, Studiosus o. s. v., dette enkelte Menneske er til *for Gud* – dette enkelte Menneske, som maaskee vilde være stolt af een Gang i sit Liv at have talt med Kongen, dette Menneske, som ikke bilder sig lidt ind af, at leve paa en fortrolig Fod med Den og Den, dette Menneske er til for Gud, kan tale med Gud, hvad Øieblik han vil, sikker paa at blive hørt af ham, kort, dette Menneske tilbydes det at leve paa den fortroligste Fod med Gud! Videre, for dette Menneskes, ogsaa for dette Menneskes Skyld kommer Gud til Verden, lader sig føde, lider, døer; og denne lidende Gud, han næsten beder og bønfalder dette Menneske om dog at tage mod Hjælpen, som tilbydes ham! Sandeligen er Noget til at tabe Forstanden over, saa dog vel dette! Hver Den, der ikke har ydmygt Mod til at turde troe det, han forarges. Men hvorfor forarges han? fordi det er ham for høit, fordi han ikke kan faae det i sit Hoved, fordi han ikke kan faae sin Frimodighed lige over for det, og derfor maa have det bort, gjort til Intet, til Galskab og Nonsens, thi det er som skulde det qvæle ham.

Thi hvad er Forargelse? * Forargelse er ulykkelig Beundring. Den er derfor i Slægt med Misundelse, men den er en Misundelse, som vender sig mod En selv, i endnu strengere Forstand, værst mod sig selv. Det naturlige Menneskes Snæverhjertethed kan ikke unde sig selv det Overordentlige, som Gud har tiltænkt ham; saa forarges han.

Forargelsens Grad beroer nu paa, hvad Lidenskab i Forhold til Beundring et Menneske har. Mere prosaiske Mennesker uden Phantasi og Lidenskab, som altsaa heller ikke ere ret skikkede til at beundre, de forarges vel ogsaa, men de indskrænke sig til at sige: Sligt kan jeg ikke faae i mit Hoved, jeg lader det staae. Det er Skeptikerne. Men jo mere Lidenskab og Phantasi et Menneske har, jo nærmere han altsaa i en vis Forstand, i Muligheden nemlig, er ved at kunne blive troende, NB. ved tilbedende at ydmyge sig under det Overordentlige, desto mere lidenskabelig Forargelse, der tilsidst ikke kan nøies med Mindre end at faae dette udryddet, tilintetgjort, traadt i Snavset.

Vil man lære at forstaae sig paa Forargelse, saa studere man den menneskelige Misundelse, et Studium, som jeg giver op uden om, * og indbilder mig at have gjort grundigt. Misundelse er skjult Beundring. En Beundrende, der føler, at han ikke kan blive lykkelig ved at give sig hen, han vælger at blive misundelig paa Det, han beundrer. Saa taler han et andet Sprog; i hans Sprog hedder det nu, at Det, som han egentlig beundrer, er Ingenting, noget dumt og flaut og sært og overspændt Noget. Beundring er lykkelig Selvfortabelse, Misundelse ulykkelig Selvhævdelse.

Saaledes ogsaa med Forargelse; thi hvad der i Forholdet mellem Menneske og Menneske er: Beundring – Misundelse, det er i Forholdet mellem Gud og Menneske: Tilbedelse – Forargelse. *Summa summarum* af al menneskelig Viisdom er dette „gyldne“, * eller maaskee rigtigere dette pletterede: *ne quid nimis*, for lidt og for meget fordærver Alt. Dette tages og gives mellem Mand og Mand som Viisdom, honoreres med Beundring; dets Cours fluctuerer aldrig, hele Menneskeheden garanterer dets Værd. Saa lever der engang imellem et Geni, som gaaer en lille Smule ud derover, han erklæres gal – af de Kloge. Men Christendommen gjør et uhyre Kjæmpeskridt ud over dette: *ne quid nimis*, ind i det Absurde; der begynder Christendommen – og Forargelsen.

Man seer nu, hvor (for at der dog kunde blive noget Overordentligt tilbage) hvor overordentlig dumt det er at forsvare Christendommen, hvor liden Menneskekundskab det forraader, hvorledes det, om end ubevidst, spiller under Dække med Forargelsen, ved at gjøre det Christelige til noget saadant kummerligt Noget, der am Ende skulde reddes ved et Forsvar. Derfor er det vist og sandt, at Den, der først opfandt, i Christenheden at forsvare Christendommen, *de facto** er en Judas No. 2; ogsaa han forraader med et Kys, kun at hans Forræderi er Dumhedens. At forsvare Noget er altid at disrecommendere det. Lad En have et Pakhuus fuldt af Guld, lad ham være villig til at udgive hver en Dukat til de Fattige – men lad ham derhos være dum nok til at begynde dette sit velgjørende Foretagende med et Forsvar, hvori han af tre Grunde beviser det Forsvarlige deri: og det skal ikke være langt fra, at Menneskene næsten finde det tvivlsomt, om han gjør noget Godt. Men nu det Christelige! Ja, Den, der forsvarer det, han har aldrig troet paa det. Troer han, saa er Troens Begeistring – ikke et Forsvar, nei, den er Angrebet, og Seieren; en Troende er en Seierherre.

Saaledes med det Christelige og Forargelsen. Dens Mulighed er da ganske rigtigt tilstede ved den christelige Definition paa Synden. Den er dette: for Gud. En Hedning, det naturlige Menneske er meget villig til at indrømme, at der er Synd til, men dette „for Gud", som dog egentlig gjør Synden til Synd, det er ham meget for meget. Det er (om end paa en anden Maade end den her paaviste) ham at gjøre Meget for Meget af det at være Menneske; lidt mindre, saa er han villig til at gaae ind derpaa – „men for Meget er for Meget".

ANDET KAPITEL

Den socratiske Definition af Synd

Synd er Uvidenhed. Dette er, som bekjendt, den socratiske Definition, der som alt Socratisk altid er en Instants, der er værd at agte paa. Imidlertid er det gaaet i Forhold til dette Socratiske som i Forhold til saa meget andet Socratisk, man har lært at føle en Trang til at gaae videre. Hvor utallig Mange have ikke følt Trang til at gaae videre end den socratiske Uvidenhed – formodentligen fordi de følte, det var dem en Umulighed at blive staaende ved den; thi hvor mange ere vel i hver Generation De, som vare i Stand til endog blot een Maaned at udholde, existentielt at udtrykke Uvidenhed om Alt.

Den socratiske Definition vil jeg derfor ingenlunde affærdige med, at man ikke kan blive staaende ved den; men med det Christelige *in mente* vil jeg benytte den til at faae dette frem i sin Skarphed – just fordi den socratiske Definition er saa ægte græsk; saa her som altid enhver anden Definition, der ikke i strengeste Forstand er streng christelig, det er, enhver Mellem-Definition viser sig i sin Tomhed.

Misligheden ved den socratiske Definition er nu, at den lader det ubestemt, om hvorledes Uvidenheden selv nærmere er at forstaae, dens Oprindelse o. s. v. Dette vil sige, selv om Synd er Uvidenhed (eller hvad Christendommen maaskee snarere vilde kalde Dumhed), hvilket i een Forstand slet ikke lader sig negte: er dette en oprindelig Uvidenhed, er Tilstanden altsaa Dens, der ikke har vidst, og hidtil ikke har kunnet vide Noget om Sandheden; eller er det en frembragt, en senere Uvidenhed? Er den det Sidste, saa maa jo Synden egentligen stikke i noget Andet end i Uvidenheden, den maa stikke i den Virksomhed i Mennesket, ved hvilken han har arbeidet paa at fordunkle sin Erkjendelse. Men ogsaa dette antaget, kommer denne haardnakkede og meget seiglivede Mislighed igjen, idet Spørgsmaalet bliver, om Mennesket da i det Øieblik, han begyndte paa at fordunkle sin Erkjendelse, er sig dette tydelig bevidst. Er han sig det ikke tydeligt bevidst, saa er jo

Erkjendelsen allerede noget fordunklet, førend han begyndte derpaa; og Spørgsmaalet kommer blot atter igjen. Antages derimod, at han, da han begyndte at fordunkle Erkjendelsen, er sig dette tydeligt bevidst, saa ligger jo Synden (om den end er Uvidenhed, forsaavidt denne er Resultatet) ikke i Erkjendelsen men i Villien, og det Spørgsmaal, der maatte fremkomme, er om Erkjendelsens og Villiens Forhold til hinanden. Alt Sligt (og her kunde man da vedblive at spørge i mange Dage) indlader den socratiske Definition sig egentlig ikke paa. Socrates var vistnok en Ethiker (hvad Oldtiden jo ubetinget vindicerer ham, Ethikens Opfinder), den første, som han er og bliver den Første i sit Slags; men han begynder med Uvidenheden. Intellectuelt er det Uvidenheden han tenderer til, det Intet at vide. Ethisk forstaaer han ved Uvidenhed noget ganske Andet, og begynder saa med den. Men derimod er, som naturligt, Socrates ingen væsentlig religieus Ethiker, endnu mindre, hvad der er det Christelige, en Dogmatiker. Derfor kommer han egentligen slet ikke ind i den hele Undersøgelse med hvilken Christendommen begynder, ikke ind i det Prius, i hvilket Synden forudsætter sig selv, og som christeligt forklares i Dogmet om Arvesynden, til hvilket Dogme vi i denne Undersøgelse dog blot komme som til Grændsen.

Socrates kommer derfor egentligen ikke til Bestemmelsen Synd, hvilket vistnok er en Mislighed ved en Definition paa Synd. Hvorledes dette? Er nemlig Synd Uvidenhed, saa er jo Synd egentlig ikke til; thi Synd er jo netop Bevidsthed. Er Synden det at være uvidende om det Rigtige, saa man derfor gjør det Urigtige, saa er Synd ikke til. Er dette Synd, saa antages jo, hvad Socrates ogsaa antog, at det Tilfælde ikke forekommer, at En, vidende det Rette, gjør det Urette, eller vidende, at det er det Urette, gjør dette Urette. Altsaa, er den socratiske Definition rigtig, saa er Synd slet ikke til. Men see, dette, just dette er christelig ganske i sin Orden, i en dybere Forstand ganske rigtigt, i christelig Interesse *quod erat demonstrandum.** Netop det Begreb, ved hvilket Christendommen meest afgjørende qvalitativt differentierer sig fra Hedenskabet, er: Synden, Læren om Synden; og derfor antager Christendommen ogsaa ganske conseqvent, at hverken Hedenskabet eller det naturlige Menneske veed hvad Synd er, ja, den antager, at der maa en Aabenbaring fra Gud til for at gjøre det aabenbart, hvad Synd er. Ikke er det nemlig saa, som en overfladisk Betragtning antager, at Læren om Forsoningen er den qvalitative Differents mellem Hedenskab og Christendom. Nei, Begyndelsen maa gjøres langt dybere, med Synden, med Læren om Synden, som Christendommen ogsaa gjør. Hvilken farlig Indvending derfor mod Christendommen, hvis Hedenskabet havde en Definition paa Synd, som Christendommen maatte erkjende for rigtig.

Hvad er det da for en Bestemmelse, Socrates i at bestemme Synden mangler? Det er: Villien, Trods. Den græske Intellectualitet var for lykkelig, for naiv, for æsthetisk, for ironisk, for vittig – for syndig til at kunne faae det i sit Hoved, at En med sit Vidende kunde lade være at gjøre det Gode, eller med sit Vidende, med Viden om det Rette, gjøre det Urette. Græciteten statuerer et intellectuelt kategorisk Imperativ. *

Det Sande heri bør nu ingenlunde oversees, og gjøres vel fornødent at indskjærpes i Tider som disse, der ere løbne vild i saare megen tomt opblæsende og ufrugtbar Viden, saa det vistnok nu, aldeles som paa Socrates's Tid, kun endnu mere, gjordes Behov, at Menneskene udhungredes en lille Smule socratisk. Det er baade til at lee og til at græde over, saavel alle disse Forsikkringer om at have forstaaet og begrebet det Høieste, som ogsaa den Virtuositet, med hvilken Mange *in abstracto* vide at fremstille det, i en vis Forstand ganske rigtigt – det er baade til at lee og til at græde over, naar man saa seer, at al denne Viden og Forstaaen slet ingen Magt udøver over Menneskenes Liv, at dette ikke i fjerneste Maade udtrykker hvad de have forstaaet, men snarere lige det Modsatte. Man udbryder uvilkaarligt ved Synet af dette lige saa sørgelige som latterlige Misforhold: men hvor i al Verden er det dog muligt at de kunne have forstaaet det, er det ogsaa sandt at de have forstaaet det? Her svarer hiin gamle Ironiker og Ethiker: o, Kjere, tro aldrig det; de have ikke forstaaet det, thi havde de i Sandhed forstaaet det, saa udtrykte deres Liv det ogsaa, saa gjorde de hvad de havde forstaaet.

At forstaae og forstaae er altsaa to Ting? Ganske vist; og den som har forstaaet dette – dog vel at mærke ikke i Betydning af den første Art Forstaaen, han er *eo ipso** indviet i alle Ironiens Hemmeligheder. Det er egentligen denne Modsigelse, der beskjæftiger Ironien. At opfatte det comisk, at et Menneske virkelig er uvidende om Noget, er en meget lav Art Comik, og under Ironiens Værdighed. Noget dybere Comisk er der egentlig ikke i, at der har levet Mennesker, som antoge at Jorden staaer stille – naar de ikke vidste bedre. Det vil formodentlig paa en lignende Maade igjen gaae vor Tid i Forhold til en mere physikalsk vidende Tid. Modsigelsen er mellem to forskjellige Tider, der fattes et dybere Coincidentspunkt, en saadan Modsigelse er ikke væsentlig og altsaa heller ei væsentlig comisk. Nei, men at et Menneske staaer og siger det Rigtige – og altsaa har forstaaet det; og naar han saa skal handle, gjør det Urigtige – og altsaa viser, at han ikke har forstaaet det: ja det er uendelig comisk. Det er uendelig comisk, at et Menneske rørt indtil Taarer, saa altsaa ikke blot Sveden men Taarerne hagle ned af ham, kan sidde og læse eller høre Fremstillingen af Selvfornegtelse, af det Ædle i at offre sit Liv for Sandheden – og saa i næste Øieblik, ein, zwei, drei, vupti, næsten endnu med Taarerne i Øinene, er i fuld Gang med, i sit Ansigts Sveed, efter fattig Leilighed, at hjælpe Usandheden til at seire. Det er uendelig comisk, at en Taler med Sandhed i Stemme og Mimik, dybt grebet og dybt gribende, rystende kan fremstille det Sande, træde alt det Onde, alle Helvedes-Magter under Øinene, med en Aplomb i Skikkelsen, med en Freidighed i Blikket, en Rigtighed i Pas'ene som er beundringsværdig – det er uendelig comisk, at han, næsten i samme Øieblik, næsten endnu med „Adriennen paa"* kan feigt og frygtagtigt løbe af Veien for den mindste Ulempe. Det er uendelig comisk, at En kan forstaae hele Sandheden, om hvor ussel og smaalig Verden er o. s. v. – at han kan forstaae det, og saa ikke kan kjende Det igjen, han har forstaaet; thi næsten i samme Øieblik gaaer han selv hen og er med i den samme Smaalighed og Usselhed, tager Ære af den og æres af den, det er, anerkjender den. O, naar man seer En, der forsikkrer aldeles at have forstaaet, hvorledes Christus gik omkring i en ringe Tjeners Skikkelse, fattig, foragtet, bespottet, som Skriften siger: * bespyttet – naar jeg da seer den Samme saa omhyggeligt at flye hen, hvor der verdsligt er godt at være, indrette sig der paa det tryggeste, naar jeg seer ham saa ængstelig, som var det Livet om at gjøre, at undflye ethvert en ugunstig Vinds Pust fra Høire eller Venstre, saa lyksalig, saa høistlyksalig, saa kisteglad – ja, for at gjøre det complet, saa kisteglad, at han endog rørt takker Gud derfor – ved ubetinget at være æret og anseet af Alle, Alle: da har jeg ofte sagt til mig selv og ved mig selv „Socrates, Socrates, Socrates, skulde det være muligt, at dette Menneske har forstaaet hvad han siger sig at have forstaaet?". Saaledes har jeg sagt, ja jeg har tillige ønsket, at Socrates havde Ret. Thi det er mig dog, som var Christendommen for streng, jeg kan ei heller bringe det i Samklang med min Erfaring, at gjøre en Saadan til en Hykler. Nei, Socrates, Dig kan jeg forstaae; Du gjør ham til en Spasmager, en Slags lystig Broder, Du gjør ham til en Prise for Latteren, Du har Intet mod, det har endog Dit Bifald, at jeg serverer og anretter ham comisk – det vil da sige, naar jeg gjør det godt.

Socrates, Socrates, Socrates! Ja, man maa nok nævne Dit Navn tre Gange, det var ikke for meget at nævne det ti Gange, dersom det kunde hjælpe Noget. Man mener, Verden behøver en Republik, og man mener at behøve en ny Samfunds-Orden, og en ny Religion: men Ingen tænker paa, at en Socrates er det dog nok denne, just ved megen Viden forvirrede, Verden behøver. Dog det forstaaer sig, tænkte Nogen derpaa, end sige, hvis Mange tænkte derpaa, da behøvedes han mindre. Det en Vildfarelse meest behøver, er altid Det, den mindst tænker paa – naturligt, thi ellers var det jo ikke en Vildfarelse.

Altsaa en saadan ironisk-ethisk Correction kunde vor Tid saare godt behøve, er maaskee egentligen det Eneste, den har Behov – thi det er aabenbart Det den mindst tænker paa; det gjordes høiligt fornødent, at vi, istedetfor at gaae videre end Socrates, blot kom tilbage til dette Socratiske: at forstaae og forstaae er to Ting, – ikke som et Resultat, der tilsidst hjælper Menneskene i den dybeste Elendighed, da det just hæver Forskjellen mellem at forstaae og forstaae, men som den ethiske Opfattelse af Livets Daglighed.

Den socratiske Definition hjælper sig da saaledes. Naar En ikke gjør det Rette, saa har han heller ikke forstaaet det; hans Forstaaen er en Indbildning; hans Forsikkring om at have forstaaet en feil Direction; hans gjentagne Forsikkring om Fanden gale ham at have forstaaet, en uhyre, uhyre Fjernhed ad den størst mulige Omvei. Men saa er jo Definitionen rigtig. Gjør En det Rigtige, saa synder han dog vel ikke; og gjør han ikke det Rigtige, saa har han heller ikke forstaaet det; havde han i Sandhed forstaaet det, vilde det snart bevæge ham til at gjøre det, snart gjøre ham til en Klangfigur for hans Forstaaen: *ergo* er Synd Uvidenhed.

Men hvor stikker da Misligheden? Den stikker i, hvad det Socratiske, men kun til en vis Grad, selv er opmærksomt paa, og afhjælper, at der mangler en dialektisk Bestemmelse betræffende Overgangen fra det at have forstaaet Noget til det at gjøre det. I denne Overgang begynder det Christelige; ved saa at gaae ad den Vei, kommer det til at vise Synden liggende i Villien, til Begrebet Trods; og for saa at gjøre Enden rigtig fast, føies Dogmet om Arvesynden til – ak thi Spekulationens Hemmelighed med det at begribe er just Det at sye uden at fæste Ende og uden at slaae Knude paa Traaden, og derfor kan den, vidunderligt, blive ved at sye og sye, ?: at trække Traaden igjennem. Christendommen derimod fæster Ende ved Hjælp af Paradoxet.

I den rene Idealitet, hvor der ikke er Tale om det enkelte virkelige Menneske, der er Overgangen nødvendig (i Systemet gaaer jo ogsaa Alt for sig med Nødvendighed), eller der er slet ingen Vanskelighed forbunden med Overgangen fra det at forstaae til det at gjøre. Dette er Græciteten (dog ikke det Socratiske, thi dertil er Socrates for meget Ethiker). Og ganske dette Samme er egentlig hele den nyere Philosophies Hemmelighed; thi det er dette: *cogito ergo sum,** at tænke er at være; (christeligt derimod hedder det: Dig skeer, som Du troer, * eller, som Du troer, saa er Du, at troe er at være). Man vil saaledes see, at den nyere Philosophi hverken er mere eller mindre end Hedenskab. Dette er nu endda ikke det Værste; at være i Slægtskab med Socrates ikke det Ringeste. Men det aldeles Usocratiske i den nyere Philosophi er, at den vil bilde sig og os ind, at dette er Christendom.

I Virkelighedens Verden derimod, hvor der er Tale om det enkelte Menneske, der er denne lille bitte Overgang fra at have forstaaet til at gjøre, den er ikke altid *cito citissime,** ikke, at jeg, i Mangel af at tale philosophisk, skal tale tydsk, geschwind wie der Wind. Tværtimod, her begynder en meget vidtløftig Historie.

I Aands-Livet er der ingen Stilstand (egentlig heller ingen Tilstand, Alt er Actualitet); dersom altsaa et Menneske ikke i samme Secund, som han har erkjendt det Rette, gjør det – ja saa gaaer nu for det første Erkjendelsen af Kog. Og dernæst saa bliver Spørgsmaalet, hvad synes Villien om det Erkjendte. Villien er et Dialektisk, og har igjen under sig hele den lavere Natur i Mennesket. Synes denne nu ikke om det Erkjendte, saa følger deraf vel ikke, at Villien gaaer hen og gjør det Modsatte af hvad Erkjendelsen forstod, saa stærke Modsætninger forekomme vistnok sjeldnere; men saa lader Villien nogen Tid gaae hen, det bliver et Interim,* det hedder: vi vil dog see det an til imorgen. Under alt Dette bliver Erkjendelsen dunklere og dunklere, og det Lavere seirer mere og mere; ak, thi det Gode maa gjøres strax, strax idet det er erkjendt (og derfor gaaer det i den rene Idealitet saa let med Overgangen fra at tænke til at være, thi der er Alt strax), men det Lavere har sin Styrke i at trække ud. Saa smaat har Villien ikke noget mod, at dette skeer, den seer næsten igjennem Fingre dermed. Og naar saa Erkjendelsen er blevet behørig dunkel, saa kan Erkjendelsen og Villien bedre forstaae hinanden; tilsidst samtykke de ganske, thi nu er Erkjendelsen gaaet over paa Villiens Side, og erkjender, at det er ganske rigtigt som den vil det. Og saaledes lever maaskee en stor Mængde Mennesker; de arbeide saa smaat paa at fordunkle deres ethiske og ethisk-religieuse Erkjenden, der vil føre dem ud i Afgjørelser og Conseqventser, som det Lavere i dem ikke elsker; derimod udvide de deres æsthetiske og methaphysiske Erkjenden, hvilket, ethisk, er Adspredelse.

Dog med alt Dette ere vi endnu ikke komne videre end til det Socratiske; thi, vilde Socrates sige, skeer dette, saa viser det jo, at et saadant Menneske dog ikke har forstaaet det Rette. Dette vil sige, til at udsige, at En med sit Vidende gjør det Urette, med Viden om det Rette gjør det Urette, har Græciteten ikke Mod, saa hjælper den og siger: naar En gjør det Urette, har han ikke forstaaet det Rette.

Ganske rigtigt, og videre kan heller intet *Menneske* komme; intet Menneske kan ved sig selv og af sig selv udsige, hvad Synd er, just fordi han er i Synden; al hans Talen om Synden er i Grunden Besmykkelse for Synden, en Undskyldning, en syndig Formildelse. Derfor begynder Christendommen ogsaa paa en anden Maade, med, at der maa en Aabenbaring fra Gud til, for at oplyse Mennesket om, hvad Synd er, at Synden dog ikke ligger i, at Mennesket ikke har forstaaet det Rette, men i at han ikke vil forstaae det, og i at han ikke vil det.

Allerede med Hensyn til den Distinktion: ikke at *kunne* forstaae og ikke at *ville* forstaae, oplyser Socrates egentligen Intet, medens han derimod er Stormesteren for alle Ironikere i at operere ved Hjælp af den Distinktion mellem at forstaae og forstaae. Socrates forklarer, at Den, som ikke gjør det Rette, heller ikke har forstaaet det; men Christendommen gaaer lidt længere tilbage og siger, det er fordi han ikke vil forstaae det, og dette igjen, fordi han ikke vil det Rette. Og dernæst lærer den, at et Menneske gjør det Urette (den egentlige Trods), uagtet han forstaaer det Rette, eller lader være at gjøre det Rette, uagtet han forstaaer det; kort, den christelige Lære om Synden er lutter Nærgaaenhed mod Mennesket, Beskyldning paa Beskyldning, den er den Paastand, hvilken det Guddommelige som Aktor tillader sig at nedlægge mod Mennesket.

Men kan noget Menneske begribe dette Christelige? Ingenlunde, det er jo ogsaa det Christelige, altsaa til Forargelse. Det maa troes. At begribe er Menneskets Omfang i Forhold til det Menneskelige; men at troe er Menneskets Forhold til det Guddommlige. Hvorledes forklarer da Christendommen dette Ubegribelige? Ganske conseqvent, paa en ligesaa ubegribelig Maade, ved Hjælp af, at det er aabenbaret.

Christelig forstaaet ligger Synden altsaa i Villien, ikke i Erkjendelsen; og denne Villiens Fordærvethed gaaer ud over den Enkeltes Bevidsthed. Dette er den ganske Conseqvente; thi ellers maatte jo betræffende hvert Enkelt det Spørgsmaal opkomme, hvorledes Synden begyndte.

Her er da igjen Forargelsens Kjendetegn. Forargelsens Mulighed ligger i: at der skal en Aabenbaring fra Gud til for at oplyse Mennesket om, hvad Synd er, og hvor dybt den stikker. Det naturlige Menneske, Hedningen, tænker som saa: „lad gaae, jeg indrømmer, at jeg ikke har forstaaet alle Ting i Himlen og paa Jorden, skal der en Aabenbaring, saa lad den oplyse os om det Himmelske; men at der skulde en Aabenbaring til for at oplyse hvad Synd er, er da det Urimeligste af Alt. Jeg udgiver mig ikke for at være noget fuldkomment Menneske, langt fra, men det veed jeg dog, og jeg er jo villig til at indrømme det, hvor langt jeg er fra Fuldkommenhed: skulde jeg saa ikke vide, hvad Synd er?" Men Christendommen svarer: nei, det er hvad Du allermindst veed, hvor langt Du er fra Fuldkommenhed, og hvad Synd er. – See, i den Forstand er rigtignok, christelig, Synd Uvidenhed, den er Uvidenhed om hvad Synd er.

Definitionen paa Synd, som blev givet i forrige Capitel, maa derfor endnu saaledes fuldstændiggjøres: Synd er, efter ved en Aabenbaring fra Gud at være oplyst om hvad Synd er, for Gud fortvivlet ikke at ville være sig selv, eller fortvivlet at ville være sig selv.

TREDIE KAPITEL

At Synden ikke er en Negation, men en Position

At dette er saaledes, er Noget, den orthodoxe Dogmatik og Orthodoxien overhovedet bestandigt har kjæmpet for, og som pantheistisk afviist enhver Definition af Synden, der gjorde denne til noget blot Negativt, Svaghed, Sandselighed, Endelighed, Uvidenhed o. desl. Orthodoxien har meget rigtigt seet, at her skal Slaget staae, eller for at erindre om det Foregaaende, her er det der skal fæstes Ende, her gjælder det om at holde igjen; Orthodoxien har rigtigt seet, at hele Christendommen, naar Synden bestemmes negativ, er holdningsløs. Derfor indskjærper Orthodoxien, at der maa en Aabenbaring fra Gud til for at lære det faldne Menneske, hvad Synd er, hvilken Meddelelse saa, ganske conseqvent, maa troes, da den er et Dogma. Og det forstaaer sig, Paradoxet, Troen, Dogmet, disse tre Bestemmelser danne en Alliance og Overeensstemmelse, der er det sikkreste Hold og Bolværk mod al hedensk Viisdom.

Saaledes Orthodoxien. Ved en besynderlig Misforstaaelse har saa en saakaldet spekulativ Dogmatik, * der rigtignok paa en betænkelig Maade indlader sig med Philosophien, meent at kunne *begribe* denne Bestemmelse, at Synden er en Position. Men er dette sandt, saa er Synden en Negation. Hemmeligheden i al Begriben er, at selve dette at begribe er høiere end al Position, som den sætter. Begrebet sætter en Position, men det at den begribes, er just, at den negeres. Selv dog til en vis Grad opmærksom herpaa, har saa den spekulative Dogmatik ikke vidst anden Hjælp end, hvad der rigtignok kun lidet anstaaer en philosophisk Videnskab, at henkaste et Detaschement af Forsikringer paa det Punkt, hvor Bevægelsen gjøres. Man forsikkrer den ene Gang høitideligere end den anden, mere og mere sværgende og bandende, at Synden er en Position, at det er Pantheisme og Nationalisme, * og Gud veed Alt det det er, men altsammen Noget, som den spekulative Dogmatik abrenuntierer* og afskyer, at sige at Synden blot er en Negation – og saa gaaer man over til at begribe det, at Synden er en Position. Det vil sige, den er dog kun til en vis Grad Position, ikke mere end at man dog nok kan begribe det.

Og den samme Spekulationens Tvetungethed viser sig da ogsaa paa et andet Punkt, dog betræffende det Samme. Bestemmelsen Synd, eller hvorledes Synden bestemmes, er afgjørende for Bestemmelsen: Anger. Da det nu er saa spekulativt dette med Negationens Negation, saa er der ikke Andet for, saa maa Angeren være Negationens Negation – og saa bliver jo Synden Negationen. – Det var forøvrigt vistnok at ønske, at engang en ædruelig Tænker vilde oplyse, hvorvidt dette reent Logiske, der erindrer om Logikens første Forhold til det Gramaticalske (to Negtelser bekræfte) og om det Mathematiske, hvorvidt dette Logiske har sin Gyldighed i Virkelighedens Verden, i Qvaliteternes Verden; om overhovedet ikke Qvaliteternes Dialektik er en anden; om „Overgangen" ikke her spiller en anden Rolle. *Sub specie æterni,* * *æterno modo* o. s. v. er jo det Spatierende slet ikke til, derfor *er* Alt, og der er slet ingen Overgang. At *sætte* i dette abstrakte Medium er derfor *eo ipso* det Samme som at *ophæve*. Men at betragte Virkeligheden paa samme Maade er dog noget nær Afsindighed. Man kan ogsaa ganske *in abstracto* sige: paa *Imperfectum** følger

Perfectum. Men dersom i Virkelighedens Verden en Mand deraf vilde slutte, at det fulgte af sig selv og fulgte strax, at et Værk, han ikke fuldendte *(imperfectum)* blev fuldendt: saa var han dog vel gal. Men saaledes ogsaa med Syndens saakaldte Position, naar det Medium, hvori den poneres, er den rene Tænkning; det Medium er meget for flygtigt til at det kan blive Alvor med Positionen.

Dog alt Sligt beskjæftiger mig ikke her. Jeg holder bestandig blot fast ved det Christelige, at Synden er en Position – dog ikke som kunde det begribes, men som et Paradox, der maa troes. Dette er i mine Tanker det Rigtige. Naar man blot kan faae alle Forsøgene med at begribe gjorte aabenbare som selvmodsigende, saa faaer Sagen sin rette Stilling, det bliver saa klart, at det maa overlades til Troen, om En vil troe eller ikke. – Jeg kan godt begribe (og dette er da ingenlunde for guddommeligt til at begribes), at En som nu endelig maa begribe, og kun kan synes om hvad der udgiver sig for at begribe, finder Dette meget fattigt. Men dersom hele Christendommen hænger i dette, at den skal troes, og ikke begribes, at den *enten* skal troes *eller* man skal forarges paa den: er det saa saa fortjenstligt med at ville begribe? Er det fortjenstligt, eller er det ikke snarere enten Uforskammenhed eller Tankeløshed at ville begribe Det, der ikke vil begribes? Naar en Konge faaer den Idee at ville være ganske incognito, aldeles behandles som en simpel Mand, er det saa ogsaa, fordi det synes Menneskene i Almindelighed mere Udmærkelse at vise ham kongelig Hylding, er det saa ogsaa det Rigtige at gjøre det? Eller er det ikke netop at hævde sig selv og sin Tankegang lige over for Kongens Villie, at gjøre som man selv vil, istedetfor at bøie sig? Eller mon det vilde behage Kongen, jo mere opfindsomt et saadant Menneske kunde være i at vise ham undersaatlig Ærbødighed, naar Kongen ikke vil behandles saaledes, det er, jo mere opfindsomt et saadant Menneske kunde være i at gjøre Kongens Villie imod? – Lad saa andre beundre og prise Den, der giver sig ud for at kunne begribe det Christelige: jeg anseer det for en ligefrem ethisk Opgave, der kræver maaskee ikke saa lidt Selvfornegtelse, i saa speculative Tider, naar alle „de Andre“ have travlt med at begribe, da at tilstaae, at man hverken kan eller skal begribe det. Dog just dette er vistnok hvad Tiden, hvad Christenheden behøver: lidt socratisk Uvidenhed i Forhold til det Christelige; men vel at mærke lidt „socratisk“ Uvidenhed. Lad os aldrig glemme – dog hvor mange ere vel De, som nogensinde ret have vidst det, eller tænkt det – lad os aldrig glemme, at Socrates's Uvidenhed var en Art Gudsfrygt og Gudsdyrkelse, at hans Uvidenhed var paa Græsk det Jødiske: at Gudsfrygt er Viisdoms Begyndelse. * Lad os aldrig glemme, at just af Ærbødighed for Guddommen var han uvidende, at han, forsaavidt en Hedning kunde det, som *Dommer* holdt Vagt ved Grændseskjellet mellem Gud – og Menneske, vogtende paa, at Qvalitets-Forskjellighedens Dyb befæstedes dem imellem, mellem Gud og Menneske, at Gud – og Menneske ikke saadan *philosophice, poetice* o. s. v. løb i Eet. See, derfor var Socrates den Uvidende, og derfor kjendte Guddommen ham at være den meest Vidende. * – Men Christendommen lærer, at alt det Christelige kun er til for Troen; derfor vil det netop være en socratisk, gudfrygtig Uvidenhed, der ved Uvidenhed værger Troen mod Spekulationen, vogtende paa, at Qvalitets-Forskjellighedens Dyb mellem Gud – og Menneske maa være befæstet som den er det i Paradoxet og Troen, at Gud og Menneske ikke endnu forfærdeligere end nogensinde i Hedenskabet, saadan *philosophice, poetice* o. s. v. løbe sammen i Eet – i Systemet.

Kun fra een Side kan der da her være Tale om at belyse, at Synden er en Position. I det foregaaende Afsnit er i Fremstillingen af Fortvivlelse bestandigt efterviist en Stigen. Udtrykket for denne Stigen var deels Potentsation af Bevidstheden om Selvet, deels Potentsation fra Liden til bevidst Handling. Begge Udtryk ere igjen i Forening Udtrykket for, at Fortvivlelsen ikke kommer udvortes fra, men indvortes fra. Og i samme Grad er den jo ogsaa mere og mere ponerende. Men ifølge den opstillede Definition paa Synd, hører til Synd det ved Forestillingen om Gud uendelig potentserede Selv, og saaledes igjen den størst mulige Bevidsthed om Synden som en Gjerning. – Dette er Udtrykket for, at Synden er en Position, det at den er *for Gud* er just det Positive i den.

Forøvrigt har den Bestemmelse, at Synden er en Position, ogsaa i en ganske anden Forstand Forargelsens Mulighed, det Paradoxe i sig. Det Paradoxe er nemlig Conseqventsen i Forhold til Læren om Forsoningen. Først gaaer Christendommen hen og sætter Synden saaledes fast som Position, at den menneskelige Forstand aldrig kan begribe det; og saa er det den samme christelige Lære, der igjen paatager sig at skaffe denne Position saaledes bort, som den menneskelige Forstand aldrig kan begribe det. Spekulationen, der snakker sig fra Paradoxerne, slaaer lidt af paa begge Steder, saa gaaer det lettere: den gjør ikke Synden slet saa positiv – og desuagtet kan den dog ikke faae det i sit Hoved, at Synden ganske skulde være glemt. Men Christendommen, der er første Opfinder af Paradoxerne, er ogsaa her saa paradox som mulig; den ligesom arbeider sig selv imod, idet den sætter Synden saa fast som Position, at det nu da synes at blive en fuldkommen Umulighed med at faae den bort igjen – og saa er det netop Christendommen, der, ved Forsoningen, igjen vil skaffe Synden bort saa ganske, at den er som druknet i Havet.

TILLÆG TIL A

Men bliver saa ikke i en vis Forstand Synd en stor Sjeldenhed? (Moralen).

Der blev i det første Afsnit mindet om, at jo intensivere Fortvivlelsen bliver, desto sjeldnere er den i Verden. Men nu er jo Synden den endnu engang qvalitativt potentserede Fortvivlelse, saa maa denne vel være ganske sjelden? Forunderlige Vanskelighed! Christendommen underlægger Alt under Synd; vi have stræbt at fremstille det Christelige saa strengt som muligt: og saa fremkommer dette besynderlige Resultat, dette besynderlige Resultat, at Synd jo saa slet ikke findes i Hedenskabet, men kun i Jødedom og Christendom, og der igjen vel meget sjeldent.

Dog er det, men kun i een Forstand, ganske rigtigt saaledes. „Efter ved en Aabenbaring fra Gud at være oplyst om hvad Synd er, for Gud fortvivlet ikke at ville være sig selv, eller fortvivlet at ville være sig selv", er at synde – og ganske vist, det er sjeldent, at et Menneske er saa udviklet, sig selv saa gjennemsigtigt, at dette kan passe saa ham. Men hvad følger saa deraf? Ja, det maa man vel agte paa, thi her er en egen dialektisk Vending. Det fulgte jo ikke af, at et Menneske ikke i intensivere Forstand er fortvivlet, deraf fulgte jo ikke, at han ikke var fortvivlet. Tværtimod; der blev just viist, at de fleste, langt, langt de fleste Mennesker ere fortvivlede, men i en lavere Grad af Fortvivlelse. Det er jo heller ikke nogen Fortjeneste at være fortvivlet i en høiere Grad. Æsthetisk er det et Fortrin, thi æsthetisk sees der blot paa Kraft; men, ethisk, er den intensivere Fortvivlelse længere fra Frelsen end den lavere.

Og saaledes er det ogsaa med Synden. De fleste Menneskers Liv er, indifferent-dialektisk bestemmet, saa langt fra det Gode

(Troen), at det næsten er for aandløst til at kaldes Synd, ja næsten for aandløst til at kaldes Fortvivlelse.

At være i strengeste Forstand en Synder er nu vistnok saare langt fra at være noget Fortjenstligt. Men paa den anden Side, hvor i al Verden skal der kunne findes en væsentlig Syndsbevidsthed (og see, den vil Christendommen nok have) i et Liv, der er sunket saaledes i Trivialitet, pjattet Efterabelse af „de Andre", at man næsten ikke kan kalde det, at det er for aandløst til at kaldes Synd, kun værd som Skriften siger* „at udspyttes."

Dog hermed er Sagen ikke færdig, thi Syndens Dialektik fanger saa blot paa en anden Maade. Hvorledes gaaer det nemlig til, at et Menneskes Liv bliver saa aandløst, at det er, som kunde Christendommen slet ikke anbringes i Forhold dertil, ligesom naar en Donkraft (og som en Donkraft saaledes er Christendommens Opløftelse) ikke kan anbringes, fordi der ingen Grund er, men kun Mose og Hengesæk? Er det Noget, som hænder et Menneske? Nei, det er Menneskets egen Skyld. Aandløshed fødes intet Menneske med; og hvor Mange der end i Døden bringe dette med sig som det eneste Udbytte af Livet – det er ikke Livets Skyld.

Men siges maa det, og saa uforbeholdent som muligt, at den saakaldte Christenhed (i hvilken saadan Alle millionviis ere saadan uden videre Christne, saa der er er lige saa mange, netop lige saa mange Christne som der er Mennesker) ikke blot er en elendig Udgave af det Christelige, fuld af meningsforstyrrende Trykfeil og tankeløse Udeladelser og Tilsætninger, men at den er en Misbrug af det, den at have taget Christendommen forfængelig. Der fødes i et lille Land vel neppe tre Digtere i hver Generation, men Præster er der nok af, mange flere end der kan befordres. Man taler i Forhold til en Digter om at have Kald; til at blive Præst er det i Mængden af Menneskers (altsaa af Christnes) Forestilling nok at have Examen. Og dog, dog er en sand Præst noget endnu Sjeldnere end en sand Digter, og dog er det Ord „Kald“ oprindeligen tilhørende det Gudelige. Men i Forhold til det at være Digter har man dog i Christenheden endnu bevaret en Forestilling om, at det er Noget, og at der er Noget i, at det er et Kald. Det at være Præst derimod er i Mængden af Menneskers (altsaa af Christnes) Øine forladt af enhver opløftende Forestilling, uden det mindste Mysterieuse *in puris naturalibus** en Levevei. „Kald“ betyder et Embede; der tales om at faae et Kald; men om at have et Kald – ja det tales der ogsaa om, om at En har et Kald at give bort.

Ak, og dette Ords Skjebne i Christenheden er som et Motto paa hele det Christeliges. Ulykken er ikke, at det Christelige ikke siges (saaledes er Ulykken jo heller ikke, at der ikke er Præster nok); men det siges saaledes, at der af Mængden af Mennesker tilsidst slet Intet tænkes derved (ligesom der ved det at være Præst af denne Mængde slet intet Andet tænkes end ved det aldeles Søgne at være Kjøbmand, Prokurator, Bogbinder, Veterinair o. s. v.), saa det Høieste og Helligste slet intet Indtryk gjør, men lyder og høres som Noget, der nu saadan engang, Gud veed hvorfor, er blevet Skik og Brug, som saa meget Andet. Hvad Under saa, at man – i Mangel af at finde sin egen Adfærd uforsvarlig – finder det fornødent at forsvare Christendommen. –

En Præst burde jo dog vel være en Troende. Og en Troende! En Troende er dog vel en Forelsket; ja, den af alle Forelskede meest Forelskede, han er dog egentlig, i Henseende til Begeistring, kun som en Yngling i Sammenligning med en Troende. Tænk nu en Forelsket. Ikke sandt, han vilde da være istand til Dag ud og Dag ind, saa lang Dagen var, og Natten med, at tale om sin Forelskelse. Men troer Du det kunde falde ham ind, troer Du det vilde være ham muligt, troer Du ikke, det vilde være ham som en Afskyelighed at tale saaledes, at han af tre Grunde stræbte at bevise, at der dog var Noget i at være forelsket – omtrent som naar Præsten af tre Grunde beviser, at det at bede er gavnligt, saa altsaa det at bede er sunket saa dybt i Prisen, at der maa tre Grunde til for at hjælpe det en lille Smule til Anseelse. Eller som naar Præsten, og dette er da det Samme, kun endnu latterligere, af tre Grunde beviser, at det at bede er en Salighed, som overgaaer al Forstand. O, uskateerlige Anticlimax, at Noget overgaaer al Forstand, bevises af tre – Grunde, der, hvis de ellers due Noget, dog vel ikke overgaae al Forstand, og lige tværtimod maae gjøre Forstanden det indlysende, at denne Salighed ingenlunde overgaaer al Forstand; thi „Grunde" ligge jo dog vel indenfor Forstandens Omfang. Nei, for hvad der overgaaer al Forstand – og for Den, der troer paa det, betyde tre Grunde ikke mere end tre Flasker, eller tre Hjorte! – Og nu videre, troer Du det vilde falde en Forelsket ind at føre et Forsvar for sin Forelskelse, det er, at indrømme, at den ikke var ham det Absolute, ubetinget det Absolute, men at han tænkte den saadan sammen med Indvendingerne mod den, og deraf fremgik Forsvaret, det er, troer Du, han kunde eller vilde indrømme, at han ikke var forelsket, angive sig selv, at han ikke var forelsket? Og dersom man vilde foreslaae en Forelsket at tale saaledes, troer Du ikke, han vilde ansee En for gal; og dersom han, foruden at være forelsket, tillige var lidt af en Iagttager, troer Du ikke, han vilde fatte en Mistanke om, at Den, der gjorde ham dette Forslag, aldrig havde vidst, hvad Forelskelse er, eller vilde have ham til at forraade og fornegte sin Forelskelse – ved at forsvare den. – Er dette dog ikke indlysende, at Den, der virkelig er forelsket, ham kan det aldrig falde ind at ville bevise af tre Grunde, eller forsvare; thi han er Det, som er mere end alle Grunde og ethvert Forsvar:

han er forelsket. Og Den, som gjør det, han er ikke forelsket; han udgiver sig blot for at være det, og uheldigviis – eller heldigviis – saa dumt, at han blot angiver sig selv, ikke at være det.

Men just saaledes tales der om Christendommen – af troende Præster, enten „forsvarer“ man Christendommen, eller man sætter den over i „Grundene“, forsaavidt man da ikke tillige fusker i speculativt at „begribe“ den; det kaldes at prædike, og man anseer det i Christenheden allerede for store Ting, at der prædikes saaledes, og at saa Nogen hører det. Og just derfor er Christenheden (dette er Beviset derfor) saa langt fra at være hvad den kalder sig, at de fleste Menneskers Liv, christelig forstaaet, endog er for aandløst til i streng christelig Forstand at kaldes Synd.*

B
Syndens Fortsættelse

Enhver Tilstand i Synd er ny Synd; eller som det nøiagtigere maatte udtrykkes og vil blive udtrykt i det Følgende, Tilstanden i Synd er den nye Synd, er Synden. Dette synes maaskee Synderen er Overdrivelse; han erkjender i det Høieste enhver aktuel ny Synd for en ny Synd. Men Evigheden, som fører hans Conto, maa opføre Tilstanden i Synd som ny Synd. Den har kun to Rubrikker, og „Alt hvad der ikke er af Tro* er Synd"; enhver uangret Synd er en ny Synd, og ethvert Øieblik den er uangret, er ny Synd. Men hvor sjeldent et Menneske, som har Continueerlighed i Forhold til sin Bevidsthed om sig selv! Som oftest ere Menneskene sig blot momentviis bevidste, bevidste i de større Afgjørelser, men det Daglige anslaaes slet ikke; de ere saadan Aand saadan een Gang om Ugen en Timestid – det forstaaer sig, det er rigtignok en temmelig bestialsk Maade, at være Aand paa. Dog Evigheden er den væsentlige Continueerlighed, fordrer denne af Mennesket, eller at han skal være sig bevidst som Aand og have Troen. Synderen derimod er saaledes i Syndens Magt, at han ingen Forestilling har om dens totale Bestemmelse, at han er paa Fortabelsens Afvei. Han anslaaer blot hver enkelt ny Synd, ved hvilken han ligesom faaer ny Fart frem ad Fortabelsens Vei, ret som gik han ikke i det foregaaende Øieblik med alle de foregaaende Synders Hastighed ad den Vei. Saa naturlig er Synden blevet ham, eller Synden er blevet ham den anden Natur, at han finder det Daglige ganske i sin Orden, og kun selv standser et Øieblik, hver Gang han ved ny Synd saa at sige faaer ny Fart. Han er i Fortabelsen blind for, at hans Liv, istedetfor at have det Eviges væsentlige Continueerlighed, ved i Troen at være for Gud, har Syndens Continueerlighed.

Dog, „Syndens Continueerlighed", er Synden ikke just det Ikke-Continueerlige? See, her kommer det igjen, dette om, at Synden blot er en Negation, der aldrig kan vindes Hævd paa, som der ikke kan vindes Hævd paa stjaalet Gods, en Negation, et afmægtigt Forsøg paa at constituere sig, men som dog, lidende al Afmagtens Qval i fortvivlet Trods, ikke formaaer det. Ja, saaledes er det spekulativt; men christeligt er Synden (dette maa troes, da det jo er det Paradoxe, som intet Menneske kan begribe) en Position, der af sig udvikler en mere og mere ponerende Continueerlighed.

Og Loven for denne Continueerligheds Voxen er ogsaa en anden end den for en Gjelds, eller en Negations. Thi en Gjeld voxer ikke, fordi den ikke bliver betalt, den voxer for hver Gang den forøges. Men Synden voxer med hvert Øieblik, man ikke kommer ud af den. Det er saa langt som muligt fra, at Synderen har Ret i, kun at ansee hver ny Synd for en Forøgelse af Synden, at, christelig forstaaet, egentlig Tilstanden i Synden er større Synd, er den nye Synd. Selv et Ordsprog* siger, at synde er menneskeligt, men at blive i Synden er diævelsk; men christelig maa dette Ordsprog rigtignok forstaaes noget anderledes. Den blot desultoriske*

Betragtning, der kun seer paa den nye Synd og overspringer det Mellemliggende, det Mellemliggende mellem de enkelte Synder, er en ligesaa overfladisk Betragtning, som hvis En vilde antage, at et Jernbanetog kun bevægede sig hver Gang Locomotivet snøftede. Nei, denne Snøften, og det Fremstød, som derpaa følger, er egentligen ikke Det, der skal sees paa, men den jævne Fart, med hvilken Locomotivet gaaer, og som frembringer hiin Snøften. Og saaledes er det med Synden. Tilstanden i Synden er i dybeste Forstand Synden, de enkelte Synder ikke Syndens Fortsættelse, men Udtrykket for Syndens Fortsættelse; i den enkelte nye Synd bliver Syndens Fart blot sandselig mere til at bemærke.

Tilstanden i Synden er den værre Synd end de enkelte Synder, er Synden. Og saaledes forstaaet gjælder det, at Tilstanden i Synden er Syndens Fortsættelse, er ny Synd. I Almindelighed forstaaer man det anderledes, man forstaaer det om, at den ene Synd føder ny Synd af sig. Men det har en langt dybere Grund, den, at Tilstanden i Synden er ny Synd. Det er psychologisk mesterligt, hvad Shakspeare lader Macbeth sige (3die Akt, 2den Scene): * Sündentsprossne Werke erlangen nur durch Sünde Kraft und Stärke. Det vil sige, Synden er indenfor sig selv en Conseqvents, og i denne det Ondes Conseqvents i sig har den ogsaa en vis Kraft. Men til en saadan Betragtning kommer man aldrig, naar man blot seer paa de enkelte Synder.

De fleste Mennesker leve vistnok med altfor liden Bevidsthed om dem selv, til at have en Forestilling om hvad Conseqvents er; det vil sige, de existere ikke *qua** Aand. Deres Liv bestaaer, enten i en vis barnlig, elskelig Naivetet eller i Pjattethed, af saadan Noget Handling, Noget Tildragelse, Dit og Dat; nu gjøre de noget Godt, og saa igjen noget Galt, og saa begynde de atter forfra; nu ere de fortvivlede en Eftermiddag, maaskee tre Uger, men saa ere de Friskfyr igjen, og saa igjen en Dags Tid fortvivlede. De lege saa at sige med i Livet, men de opleve aldrig det at sætte Alt ind paa Eet, komme aldrig til Forestillingen om en uendelig Conseqvents i sig. Derfor er der mellem dem bestandigt kun Tale om det Enkelte, enkelte gode Gjerninger, enkelte Synder.

Enhver Existents, der er under Bestemmelsen Aand, selv om den og kun er paa eget An- og Tilsvar, har væsentlig Conseqvents i sig og Conseqvents i et Høiere, idetmindste i en Idee. Men en Saadan frygter igjen uendeligt enhver Inconseqvents, fordi han har en uendelig Forestilling om hvad Følgen kan blive, at han kunde rives ud af det Totale, hvori han har sit Liv. Den mindste Inconseqvents er et uhyre Tab, thi han taber jo Conseqventsen; i samme Øieblik er maaskee Trylleriet løst, den hemmelighedsfulde Magt, der bandt alle Kræfterne i Harmoni, afmattet, Springfjederen afspændt, det Hele maaskee et Chaos, hvor Kræfterne kjæmpe i Oprør mod hinanden, til Selvets Lidelse, men hvori der ingen, ingen Overeensstemmelse er med sig selv, ingen Fart, ingen *impetus.* * Det uhyre Maskineri, som i Conseqventsen var saa føieligt i sin Jern-Styrke, saa smidigt i al sin Kraft, er i Uorden; og jo ypperligere, jo grandiosere Maskineriet var, desto frygteligere er Virvarret. – Den Troende, der altsaa hviler i, har sit Liv i det Godes Conseqvents, har en uendelig Frygt for end den mindste Synd; thi han har uendeligt at tabe. De umiddelbare, de barnlige eller barnagtige Mennesker have intet Totalt at tabe, de tabe og vinde bestandigt blot i det Enkelte, eller det Enkelte.

Men som med den Troende, saaledes ogsaa med Modbilledet, den Dæmoniske, i Forhold til Syndens Conseqvents i sig. Som Drankeren stadigt vedligeholder Rusen fra Dag til Dag, af Frygt for den Standsning, den Mathed, der vilde indtræde, og dennes mulige Følger, hvis han een Dag blev ganske ædru: saaledes den

Dæmoniske. Ja, som den Gode, hvis En traadte fristende til ham, fremstillende Synden i en eller anden lokkende Skikkelse, vilde bede ham „frist mig ikke": saaledes har man vel Exempler paa aldeles det Samme hos en Dæmonisk. Lige overfor En, der er ham stærkere i det Gode, kan den Dæmoniske, naar hiin vil fremstille ham det Gode i dets salige Ophøiethed, bede for sig, han kan med Taarer bede for sig, at han ikke vil tale til ham, ikke vil, som han udtrykker det, gjøre ham svag. Just fordi den Dæmoniske er conseqvent i sig og i det Ondes Conseqvents, just derfor har han ogsaa en Totalitet at tabe. Et eneste Øieblik udenfor sin Conseqvents, een eneste diætetisk Uforsigtighed, eet eneste Sideblik, eet Øieblik det Hele eller blot en Deel deraf seet og forstaaet paa en anden Maade: og han blev maaskee aldrig mere sig selv, siger han. Det vil sige, det Gode har han fortvivlet opgivet, det kan dog alligevel ikke hjælpe ham; men vel kunde det forstyrre ham, gjøre ham det umuligt nogensinde igjen at faae Conseqventsens fulde Fart, gjøre ham svag. Kun i Syndens Fortsættelse er han sig selv, kun i den lever han, har han Indtrykket af sig selv. Men hvad vil dette sige? Det vil sige, Tilstanden i Synden er Det, der, dybt nede hvor han er sunken, holder ham sammen, ugudeligt styrkende ham ved Conseqventsen; det er ikke den enkelte nye Synd, der (ja, det er rædsomt afsindigt!) hjælper ham, men den enkelte nye Synd er blot Udtrykket for Tilstanden i Synden, hvilken egentlig er Synden.

Ved „Syndens Fortsættelse", hvorom vi nu skulle handle, tænkes altsaa ikke saa meget paa de enkelte nye Synder, som paa Tilstanden i Synden, hvilken igjen bliver Syndens Potentsation i sig selv, en Forbliven i Syndens Tilstand med Bevidsthed derom, saa Loven for Bevægelsen i Potentsationen her som allevegne er ind efter, i intensivere og intensivere Bevidsthed.

A
Den Synd at fortvivle over sin Synd

Synd er Fortvivlelse; Potentsationen er den nye Synd at fortvivle over sin Synd. Det sees ogsaa let, at dette er en Potentsations Bestemmelse; det er ikke en ny Synd, som naar Den, der engang stjal 100 Rdlr., en anden Gang stjæler 1000 Rdlr. Nei, her tales ikke om de enkelte Synder; Tilstanden i Synden er Synden, og denne potentseres i en ny Bevidsthed.

At fortvivle over sin Synd er Udtrykket for, at Synden er blevet eller vil være conseqvent i sit selv. Den vil Intet have med det Gode at skaffe, ikke være svag nok til engang imellem at lytte efter en anden Tale. Nei, den vil kun høre sig selv, kun have med sig selv at skaffe, slutte sig inde med sig selv, ja, lukke sig indenfor eet Indelukke mere, og ved Fortvivlelsen over Synden sikkre sig mod ethvert Overfald eller Efterstræbelse af det Gode. Den er sig bevidst at have hugget Broen af efter sig, og saaledes at være utilgjængelig for det Gode som det Gode for den, saa om den i et svagt Øieblik skulde selv ville det, det dog var umuligt. Synden selv er Løsrivelse fra det Gode, men Fortvivlelse over Synden er Løsrivelse anden Gang. Dette piner naturligviis det Dæmoniskes yderste Kræfter ud af Synden, giver den ugudelige Haardførhed eller Forstokkethed, at maatte conseqvent ansee Alt, hvad der hedder Anger, og Alt hvad der hedder Naade, ikke blot for Tomt og Intetsigende, men for sin Fjende, for Det, man meest af Alt har at værge sig mod, aldeles som den Gode værger sig mod Fristelsen. Saaledes forstaaet er det en rigtig Replik af Mephistopheles (i Faust), * at intet er Elendigere end en Djævel, som fortvivler; thi ved at fortvivle maa her forstaaes, at ville være svag nok til at høre Noget om Anger og Naade. For at betegne Potentsationen i Forholdet mellem Synd og Fortvivlelse over Synden kunde man sige, det Første er Bruddet med det Gode, det Andet Bruddet med Angeren.

Fortvivlelse over Synden er et Forsøg paa at holde sig ved at synke endnu dybere; som Den, der stiger i en Aerostrat, * stiger ved at kaste Tyngder af sig, saaledes synker den Fortvivlede ved bestemtere og bestemtere at kaste alt det Gode fra sig (thi det Godes Tyngde er Opløftelse), han synker, selv mener han rigtignok at stige – han bliver jo ogsaa lettere. Synden selv er Fortvivlelsens Kamp; men naar saa Kræfterne ere udtømte, maa der en ny Potentsation til, en ny dæmonisk Sluttethed i sit selv, det er Fortvivlelsen over Synden. Det er Fremskridt, en Stigen i det Dæmoniske, naturligviis Fordybelse i Synden. Det er et Forsøg paa at give Synden Holdning og Interesse som en Magt derved, at det nu skal være evig afgjort, at man Intet vil høre om Anger og Intet om Naade. Imidlertid er dog Fortvivlelsen over Synden sig netop sin egen Tomhed bevidst, at den ikke har det mindste at leve af, ikke engang sit eget Selv i Forestillingen om det. Det er en psychologisk mesterlig Replik af Macbeth* (2den Akt, 2den Scene): von jetzt (efterat han har myrdet Kongen – og nu fortvivler over sin Synd) giebt es nichts Ernstes mehr im Leben; Alles ist Tand, gestorben Ruhm und Gnade. Det som er det Mesterlige er Dobbeltslaget i de sidste Ord *(Ruhm* und *Gnade*). Ved Synden, det vil sige, ved at fortvivle over Synden, har han tabt ethvert Forhold til Naaden – og tillige til sig selv. Hans selviske Selv culminerer i Ærgjerrighed. Nu er han jo blevet Konge, og dog, idet han fortvivler over sin Synd og om Angerens Realitet, om Naaden, har han ogsaa tabt sig selv, han kan end ikke for sig selv holde det oppe, og han er netop lige saa langt fra at kunne nyde sit Selv i Ærgjerrighed, som fra at gribe Naaden.

I Livet (forsaavidt da Fortvivlelse over Synden forekommer i Livet; men i ethvert Tilfælde forekommer der Noget, som Menneskene kalde saaledes) sees der som oftest feil af denne Fortvivlelse over Synden, formodentlig fordi man i Verden almindeligviis kun har med Letsindighed, Tankeløshed og reen Pjattethed at gjøre, og derfor ordentlig bliver ganske høitidelig, og ærbødig tager Hatten af for enhver Yttring af noget Dybere. Enten i forvirret Uklarhed over sig selv og sin Betydning, eller med et Anstrøg af Hykleri, eller ved Hjælp af den Underfundighed og Sophistik, som al Fortvivlelse har med sig selv, er Fortvivlelse over Synden ikke utilbøielig til at give sig Skin af at være noget Godt. Den skal da være et Udtryk for, at det er en dyb Natur, som derfor tager sig sin Synd saa nær. Jeg skal anføre et Exempel. Naar et Menneske, der har været hengivet til en eller anden Synd, men saa i længere Tid gjort Fristelsen Modstand og seiret – naar han faaer et Tilbagefald og atter synker i Fristelsen: saa er den Forstemthed, der indtræder, ingenlunde altid Sorg over Synden. Det kan være meget Andet; det kan for den Sags Skyld ogsaa være en Forbittrelse paa Styrelsen, som var det den, der havde ladet ham falde i Fristelsen, som burde den ikke have været saa haard mod ham, da han nu i længere Tid havde seierrigt modstaaet Fristelsen. Men i ethvert Tilfælde er det aldeles Fruentimmeragtigt, uden videre at tage denne Sorg for god, slet ikke at være opmærksom paa den Tvetungethed, der er i al Lidenskabelighed, hvilket igjen er det Omineuse, som kan gjøre, at den Lidenskabelige stundom næsten til Afsindighed bag efter forstaaer, at han har sagt det Modsatte af hvad han meente at sige. Et saadant Menneske forsikkrer maaskee i stærkere og stærkere Udtryk, hvorledes det piner og plager ham, dette Tilbagefald, hvorledes det bringer ham til Fortvivlelse, „jeg tilgiver mig det aldrig selv", siger han. Og alt dette skal være Udtrykket for, hvor meget Godt der boer i ham, hvor dyb en Natur han er. Dette er en Mystification. Jeg lod med Flid i Fremstillingen indløbe et Stikord „jeg tilgiver mig, det aldrig selv", et Ord, som just almindeligt høres i saadan Forbindelse. Og netop paa dette Ord kan man ogsaa strax kjende sig dialektisk til Rette. Han tilgiver sig det aldrig selv – men dersom nu Gud vilde tilgive ham det, saa kunde han jo dog gjerne have den Godhed at tilgive sig selv. Nei, hans Fortvivlelse over Synden, og meest netop jo mere den raser i Udtrykkets Lidenskab, hvorved han (hvad han mindst tænker paa) angiver sig selv, naar han „aldrig vil tilgive sig selv", at han saaledes kunde synde (thi denne Tale er noget nær det Modsatte af bodfærdig Sønderknuselse, der beder Gud om at tilgive), er meget langt fra at være en Bestemmelse af det Gode, den er en intensivere Bestemmelse af Synd, hvis intensitet er Fordybelse i Synd. Sagen er den, han er i den Tid, han seierrigt har gjort Fristelsen Modstand, i egne Øine blevet sig selv bedre end han virkelig er, han er blevet stolt af sig selv. Denne Stoltheds Interesse er det nu, at det Forbigangne maatte være noget aldeles Tilbagelagt. Men i Tilbagefaldet bliver pludselig det Forbigangne atter ganske præsentisk. Denne Mindelse kan hans Stolthed ikke taale, og deraf denne dybe Bedrøvelse o. s. v. Men Bedrøvelsens Retning er aabenbart bort fra Gud, en skjult Selvkjerlighed og Stolthed, istedetfor ydmygt at begynde med ydmygt at takke Gud, at han dog saa længe havde hjulpet ham til at modstaae Fristelsen, bekjende for Gud og sig selv, at det allerede er meget mere end han havde fortjent, og saa ydmyge sig under Erindringen af, hvorledes han har været.

Her, som allevegne, er hvad de gamle Opbyggelsesskrifter* forklare, saa dybt, saa erfaret, saa veiledende. De lære, at Gud stundom tillader, at den Troende snubler og falder i en eller anden Fristelse – just for at ydmyge ham og derved at befæste ham mere i det Gode; Modsætningen mellem Tilbagefaldet og det maaskee betydelige Fremskridt i det Gode er saa ydmygende, Identiteten med sig selv saa smertelig. Jo bedre et Menneske er, desto dybere smerter naturligviis den enkelte Synd, og desto farligere, dersom han ikke gjør Svinget rigtigt, farligt blot den mindste Smule Utaalmodighed. Han kan maaskee af Sorg synke i det mørkeste Tungsind – og en Nar af Sjelesørger ikke være langt fra at beundre hans dybe Sjel, og hvilken Magt det Gode har i ham – som var Dette af det Gode. Og hans Kone, ja hun føler sig dybt ydmyget i Sammenligning med en saadan alvorlig og hellig Mand, der saaledes kan sørge over Synden. Maaskee er ogsaa hans Tale endnu mere skuffende, han siger maaskee ikke: jeg kan aldrig tilgive mig det selv (som havde han maaskee før tilgivet sig selv Synder; en Gudsbespottelse), nei, han taler om, at Gud aldrig kan tilgive ham det. Ak, og Dette er kun en Mystification. Hans Sorg, hans Bekymring, hans Fortvivlelse er selvisk (ligesom den Angest for Synden, der undertiden næsten ængster et Menneske i Synd, fordi den er Selvkjerlighed, der vilde være stolt af sig selv, at være uden Synd) – og Trøst det han mindst behøver, hvorfor ogsaa de uhyre Qvantiteter af Trøstegrunde, som Sjelesørgerne ordinere, blot gjøre Sygdommen værre.

B

Den Synd at fortvivle om[4] *Syndernes Forladelse. (Forargelse)*

Potentsationen i Bevidstheden om Selvet er her Viden om Christus, et Selv lige over for Christus. Først kom (i forrige Afsnit) Uvidenhed om at have et evigt Selv; saa Viden om at have et

Selv, hvori der dog er noget Evigt. Derpaa vistes (ved Overgangen til 2det Afsnit) denne Forskjel at indbefattes under: Selvet, der har en menneskelig Forestilling om sig selv, eller hvis Maal Mennesket er. Modsætningen hertil var: et Selv lige over for Gud, og Dette lagdes til Grund for Definitionen paa Synd.

Nu kommer et Selv lige over for Christus, – et Selv, som dog fortvivlet ikke vil være sig selv eller fortvivlet vil være sig selv. Thi Fortvivlelse om Syndernes Forladelse maa være at henføre enten til den ene eller til den anden Formel for Fortvivlelse, Svaghedens eller Trodsens; Svaghedens, som forarget ikke tør troe, Trodsens, som forarget ikke vil troe. Kun er Svaghed og Trods her (da jo Talen ikke er om at være sig selv uden videre, men om at være sig selv i Bestemmelsen af at være Synder, altsaa sig selv i Bestemmelsen af sin Ufuldkommenhed) det Omvendte af ellers. Ellers er Svaghed: fortvivlet ikke at ville være sig selv. Her er dette Trods; thi her er det jo Trods, ikke at ville være sig selv, det man er, Synder, og paa Grund deraf at ville undvære Syndernes Forladelse. Ellers er Trods: fortvivlet at ville være sig selv. Her er dette Svagheden, fortvivlet at ville være sig selv, Synder, saaledes, at der ingen Tilgivelse er.

Et Selv lige over for Christus er et Selv potentseret ved den uhyre Indrømmelse af Gud, potentseret ved det uhyre Eftertryk, som falder paa det derved, at Gud ogsaa for dette Selvs Skyld lod sig føde, blev Menneske, leed, døde. Som der i det Foregaaende blev sagt: jo mere Guds-Forestilling jo mere Selv, saa gjælder det her: jo mere Forestilling om Christus jo mere Selv. Et Selv er qvalitativt hvad dets Maalestok er. At Christus er Maalestokken, er det fra Guds Side til Vitterlighed bekræftede Udtryk for, hvilken uhyre Realitet et Selv har; thi først i Christo er det sandt, at Gud er

Menneskets Maal og Maalestok, eller Maalestok og Maal. – Men jo mere Selv, jo intensivere Synd.

Ogsaa fra en anden Side kan Potentsationen i Synden vises. Synd var Fortvivlelse; Potentsationen var Fortvivlelse over Synden. Men nu tilbyder Gud Forligelsen i Syndernes Forladelse. Dog Synderen fortvivler, og Fortvivlelsen faaer et endnu dybere Udtryk; den forholder sig nu paa en Maade til Gud, og dog er det netop fordi den er endnu længere borte, endnu intensivere fordybet i Synden. Idet Synderen fortvivler om Syndernes Forladelse, er det jo næsten som gik han lige ind paa Livet af Gud, det lyder jo dialogisk, dette: „nei, der er ingen Syndernes Forladelse, det er en Umulighed"; det seer ud som et Haandgemænge. Men dog maa Mennesket fjerne sig et qvalitativt Længere fra Gud for at kunne sige det, og for at det kan høres, og for at stride saaledes *comminus,** maa han være *eminus*; saa underligt er Aands-Tilværelsen i akustisk Forstand construeret, saa underligt Distance-Forholdene lagte. Saa langt som muligt maa et Menneske være fjernet fra Gud for at det Nei kan høres, som dog paa en Maade vil Gud tillivs; den størst mulige Nærgaaenhed mod Gud er længst borte; for at være nærgaaende mod Gud maa man gaae langt bort; er man ham nærmere, kan man ikke være nærgaaende, og er man nærgaaende, er man *eo ipso,** betyder dette, at man er langt borte. O, menneskelig Afmagt lige over for Gud! Naar man er nærgaaende mod et høit ophøiet Menneske, kan man maaskee til Straf blive kastet langt bort fra ham; men for at kunne være nærgaaende mod Gud, maa man gaae langt bort fra ham.

I Livet sees der som oftest Feil af denne Synd (at fortvivle om Syndernes Forladelse), især da siden den Tid man har afskaffet det Ethiske, saa der sjeldent eller aldrig høres et sundt ethisk Ord. Æsthetisk-metaphysisk honoreres det som et Tegn paa en dyb Natur at fortvivle om Syndernes Forladelse, omtrent som hvis man vilde ansee det for Tegn paa en dyb Natur hos et Barn, at det er uartigt. Overhovedet er det utroligt, hvilken Confusion der er kommet ind i det Religieuse fra den Tid man har afskaffet i Menneskets Forhold til Gud det „Du skal", som er det eneste Regulativ. Dette „Du skal" skal være med i enhver Bestemmelse af det Religieuse; i dets Sted har man eventyrligt brugt Guds-Forestillingen eller Forestillingen om Gud som en Ingredients i den menneskelige Vigtighed, til at blive sig selv vigtige lige over for Gud. Som man i Stats-Livet bliver sig selv vigtig ved at høre til Oppositionen, og vel tilsidst ønsker at der er en Regjering, for dog at have Noget at opponere imod; saaledes vil man tilsidst ikke afskaffe Gud – blot for at blive sig selv endnu vigtigere ved at være Oppositionen. Og alt Det, der i gamle Dage blev betragtet med Horreur som Yttringer af ugudelig Opsætsighed, det bliver nu genialt, Tegn paa en dyb Natur. „Du skal *troe*" heed det i gamle Dage, kort og godt, saa ædrueligt som muligt – nu er det genialt og Tegn paa en dyb Natur, ikke at kunne. „Du skal troe Syndernes Forladelse", heed det, og som den eneste Kommentar til denne Text heed det: „Du skal skee en Ulykke, om Du ikke kan det; thi hvad man skal, det kan man" – nu er det genialt og Tegn paa en dyb Natur, ikke at kunne troe det. Fortræffelige Resultat som Christenheden har bragt det til! Hørtes der ikke et Ord om Christendom, saa vilde Menneskene dog ikke, hvad heller aldrig nogensinde Hedenskabet har været, være saa indbildske; men ved Hjælp af at de christelige Forestillinger saadan uchristeligt ligge i Luften, benyttes disse til den meest potentserede Næsviished, forsaavidt de da ikke misbruges paa en anden, men lige saa fræk Maade. Thi er det ikke epigramatisk nok, at det at bande nok ikke var Skik i Hedenskabet, men derimod ret egentligen har hjemme i Christenheden; at Hedenskabet med en vis Horreur, med Sky for det Mysterieuse, oftest med stor Høitidelighed nævnede Guds Navn, medens i Christenheden vel Guds Navn er det Ord, der forekommer meest i daglig Tale, og ubetinget det Ord, der tænkes mindst ved, og bruges meest skjødesløst, fordi den stakkels aabenbare Gud (der var uforsigtig og uklog nok til istedetfor at holde sig skjult, som ellers altid Fornemhed gjør, at blive aabenbar) er blevet en af hele Befolkningen kun altfor kjendt Personage, hvem man da gjør en overmaade stor Tjeneste ved engang imellem at gaae i Kirke, hvor man derfor ogsaa bliver roest af Præsten, der paa Guds Vegne takker En for Æren af Besøget, beærer En med Titlen From og derimod stikler lidt paa dem, som aldrig vise Gud den Ære at gaae i Kirke.

Den Synd at fortvivle om Syndernes Forladelse er *Forargelse.* Deri havde Jøderne fuldkommen Ret, * at de forargedes paa Christus, fordi han vilde tilgive Synder. Der hører en besynderlig høi Grad af Aandløshed (det vil sige den, som ordentligviis findes i Christenbeden) til, for, hvis man ikke er Troende (og i saa Fald troer man jo, at Christus var Gud) ikke at forarges over, at et Menneske vil tilgive Synder. Og dernæst hører der en ligesaa besynderlig Aandløshed til, for ikke at forarges over, at Synd kan tilgives. Det er for menneskelig Forstand det umuligste af Alt – uden at jeg derfor anpriser det som Genialitet, ikke at kunne troe det; thi det *skal* troes.

I Hedenskabet kunde naturligviis denne Synd ikke findes. Kunde Hedningen (hvad han end ikke kunde, da han manglede Guds-Forestillingen) have den sande Forestilling om Synd: længere kunde han ikke komme end til at fortvivle over sin Synd. Ja, hvad mere er (og heri er al den Indrømmelse, man kan gjøre menneskelig Forstand og Tænkning), man maatte rose den Hedning, der virkelig drev det til, ikke at fortvivle over Verden, ikke over sig selv i almindeligere Forstand, men over sin Synd.[5] Der hører, menneskelig talt, baade Dybsind og ethiske Bestemmelser dertil. Længere kan intet Menneske som saadant komme, og sjeldent nok at En kom saa vidt. Men christeligt er Alt forandret; thi Du skal troe Syndernes Forladelse.

Og hvor befinder Christenheden sig i Henseende til Syndernes Forladelse? Ja, Christenhedens Tilstand er egentlig Fortvivlelse om Syndernes Forladelse; dette maa dog forstaaes saaledes, den er saa langt tilbage, at Tilstanden ikke engang er aabenbar at være denne. Man er end ikke kommet til Bevidstheden om Synden, man kjender kun den Art Synder som Hedenskabet ogsaa kjendte, og lever lykkelig og vel i hedensk Tryghed. Men ved det man lever i Christenheden, gaaer man videre end Hedenskabet, man gaaer hen og indbilder sig, at denne Tryghed er – ja, det kan ikke være Andet i Christenheden – Bevidstheden om Syndernes Forladelse, hvori Præsterne bestyrke Menigheden.

Christenhedens Grund-Ulykke er egentlig Christendommen, at Læren om Gud-Mennesket (christelig forstaaet vel at mærke betrygget i Paradoxet og Forargelsens Mulighed) ved idelig og idelig at prædikes er taget forfængeligt, at Qvalitets-Forskjellen mellem Gud og Menneske pantheistisk (først fornemt speculative, siden pøbelagtigt paa Gader og Stræder) er hævet. Aldrig har nogensinde nogen Lære paa Jorden virkeligt bragt Gud og Menneske saa nær sammen, som Christendommen; det kunde heller ingen, kun Gud selv kan gjøre det, enhver menneskelig Opfindelse bliver dog en Drøm, en usikker Indbildning. Men aldrig har heller nogensinde nogen Lære saa omhyggeligt værget sig mod den grueligste af alle Gudsbespottelser, den, efterat Gud har gjort dette Skridt, at det saa skulde tages forfængeligt, som løb det dog ud paa Eet: Gud og Menneske – aldrig har nogensinde nogen Lære værget sig saaledes derimod som Christendommen, der værger sig ved Hjælp af Forargelsen. Vee de slappe Talere, vee de løsagtige Tænkere, og vee, vee det hele Tilhæng, som har lært af dem og priset dem!

Skal der holdes Orden i Tilværelsen – og det vil dog Gud, thi han er ikke Forvirringens Gud – saa maa der først og fremmest passes paa, at ethvert Menneske er et enkelt Menneske, bliver sig bevidst at være et enkelt Menneske. Faae Menneskene først Lov til at løbe sammen i hvad Aristoteles* kalder Dyre-Bestemmelsen: Mængden; bliver derpaa dette Abstraktum (istedetfor at det er mindre end Intet, mindre end det ringeste enkelte Menneske) anseet for at være Noget: saa varer det ikke længe inden dette Abstraktum bliver Gud. Og saa, saa slaaer det jo *philosophice* til med Læren om Gud-Mennesket. Som man saa i Staterne har lært, at Mængden imponerer Kongen, og Bladene Conferentsraader, saaledes opdager man saa tilsidst, at *summa summarum* af alle Mennesker imponerer Gud. Dette kaldes saa Læren om Gud-Mennesket, eller at Gud og Menneske er *idem per idem*.* Det forstaaer sig, adskillige af de Philosopher, som vare med at udbrede denne Lære, om Generationens Overvægt over Individet, de vende sig bort med Væmmelse, naar deres Lære er sunken saa dybt, at Pøbelen er Gud-Mennesket. Men disse Philosopher glemme, at det dog er deres Lære, de oversee, at den ikke var sandere, da de Fornemme antoge den, da Eliten af de Fornemme eller en udvalgt Kreds af Philosopher var Incarnationen.

Det vil sige, Læren om Gud-Mennesket har gjort Christenheden fræk. Det seer næsten ud, som havde Gud været for svag. Det er som var det gaaet ham liig den Godmodige, der gjør for store Indrømmelser, og saa lønnes med Utaknemmelighed. Det er Gud, der opfandt Læren om Gud-Mennesket, og nu har Christenheden faaet det frækt vendt om, og paadutter Gud Slægtskabet, saa den Indrømmelse, Gud har gjort, omtrent betyder hvad det i disse Tider betyder, at en Konge giver en friere Forfatning – og det veed man nok, hvad det betyder, „det var han nok nødt til". Det er, som var Gud kommet i Forlegenhed; det er, som havde den Kloge Ret, hvis han sagde til Gud: Du er selv Skyld i det, hvorfor har du indladt Dig saa meget med Mennesket. Det var jo dog aldrig faldet noget Menneske ind, aldrig opkommet i noget Menneskes Hjerte, at der skulde være den Lighed mellem Gud og Menneske. Det var Dig selv, der lod det forkynde, nu høster Du Frugten.

Dog har Christendommen sikkret sig fra Begyndelsen af. Den begynder med Læren om Synden. Syndens Kategori er Enkelthedens Kategori. Synden lader sig slet ikke tænke spekulativt. Det enkelte Menneske ligger nemlig under Begrebet; man kan ikke tænke et enkelt Menneske, men kun Begrebet Menneske. – Derfor er det at Spekulationen strax kommer ind paa den Lære om Generationens *Overmagt* over Individet; thi at Spekulationen skulde anerkjende Begrebets *Afmagt* i Forhold til Virkeligheden, er ikke at forlange. – Men som man ikke kan tænke et enkelt Menneske, saa heller ikke en enkelt Synder; man kan tænke Synden (saa bliver den Negationen), men ikke en enkelt Synder. Dog just derfor kan det heller ikke blive Alvor med Synden, naar den blot skal tænkes. Thi Alvoren er just, at Du og jeg er Synder; Alvoren er ikke Synden overhovedet, men Alvorens Eftertryk ligger paa Synderen, der er den Enkelte. I Forhold til „det enkelte Menneske" maa Spekulationen, hvis den er conseqvent, egentligen lade meget haant om det at være et enkelt Menneske, eller at være Det, som ikke kan tænkes; den maa, hvis den vilde gjøre

Noget i denne Retning, sige til den Enkelte: er det Noget at spilde Tiden paa, see for Alt at glemme det, det at være et enkelt Menneske er Intet at være, tænk – saa er Du hele Menneskeheden, *cogito ergo sum.* Maaskee turde dog ogsaa dette være Løgn, det enkelte Menneske og det at være et enkelt Menneske det Høieste. Dog lad det nu saa være. Men ganske conseqvent maatte Spekulationen ogsaa sige: det at være en enkelt Synder, det er ikke Noget at være, det ligger under Begrebet, spild ikke Tiden derpaa o. s. v. Og hvad saa videre, skal man saa maaskee istedetfor at være en enkelt Synder (ligesom man opfordredes til, istedetfor at være et enkelt Menneske, at tænke Begrebet Menneske) tænke Synden? Og hvad saa videre, bliver man saa maaskee ved at tænke Synden selv „Synden" – *cogito ergo sum?* Et fortræffeligt Forslag! Imidlertid behøver man endda ikke at frygte saaledes at blive Synden, den – rene Synd; thi Synden lader sig netop ikke tænke. Dette maatte dog vel Spekulationen selv indrømme, da Synden jo er Affald fra Begrebet. Men for ikke længere at disputere *e concessis,** hovedsagelig er Vanskeligheden en anden. Spekulationen tager sig ikke iagt for, at i Forhold til Synden er det Ethiske med, der altid pointerer omvendt af Spekulationen og gjør lige de modsatte Trin; thi det Ethiske abstraherer ikke fra Virkelighed, men fordyber i Virkelighed, opererer væsentlig ved Hjælp af den spekulativt overseete og foragtede Kategori: Enkeltheden. Synd er en Bestemmelse af den Enkelte; det er Letfærdighed og ny Synd, at lade som var det Ingenting at være en enkelt Synder – naar man selv er denne enkelte Synder. Her slaaer Christendommen til, slaaer et Kors for Spekulationen; det er Spekulationen lige saa umuligt at komme ud af denne Vanskelighed, som for et Seil-Skib at seile frem med stik Modvind. Syndens Alvor er dens Virkelighed i den Enkelte, om det er Dig eller mig; spekulativt skal man see bort fra den Enkelte: altsaa kan man kun letsindigt tale spekulativt om Synden. Syndens Dialektik gaaer Spekulationens lige stik imod.

Her begynder Christendommen, med Læren om Synden, og derved med den Enkelte.[6] Thi rigtignok er det Christendommen, der har lært det om Gud-Mennesket, om Ligheden mellem Gud og Menneske, men den er en stor Hader af kaad eller næsviis Nærgaaenhed. Ved Hjælp af Læren om Synden, og den enkelte Synder, har Gud og Christus een Gang for alle, ganske anderledes end nogen Konge, sikkret sig mod Folket og Folk og Mængden, Publikum o. s. v. o. s. v., *item* mod enhver Fordring paa en friere Forfatning. Alle hine Abstrakta ere for Gud slet ikke til; der lever for Gud i Christo lutter enkelte Mennesker (Syndere) – dog kan Gud godt overfare det Hele, han kan ovenikjøbet tage sig af Spurvene. * Gud er overhovedet en Ven af Orden; og til den Ende er han selv tilstede paa ethvert Punkt, i ethvert Øieblik (hvad i Lærebogen opføres som en af de Titulaturer, Gud nævnes ved, og som Menneskene tænke lidt ved engang imellem, men vel aldrig gjøre Forsøg paa at tænke i ethvert Øieblik), han er allestedsnærværende. Hans Begreb er ikke som Menneskets, under hvilket det Enkelte ligger som Det, der ikke kan gaae op i Begrebet, hans Begreb omfatter Alt, og i anden Forstand har han intet Begreb. Gud hjælper sig ikke med en Abbreviatur, han begriber *(comprehendit)** selve Virkeligheden, alt det Enkelte; for ham ligger den Enkelte ikke under Begrebet.

Læren om Synden, om at Du og jeg er Synder, hvilken Lære ubetinget splitter „Mængden“ ad, befæster nu Qvalitets-Forskjellen mellem Gud og Menneske saa dybt som den aldrig nogensinde er blevet befæstet – thi atter dette kan kun Gud; Synden er jo: *for Gud* o. s. v. I Intet er et Menneske saa forskjellig fra Gud, som deri, at han, og det er ethvert Menneske, er en Synder, og er det „for Gud“, hvorved jo Modsætningerne i dobbelt Forstand holdes sammen, de holdes sammen *(continentur)*, de faae ikke Lov at gaae ud fra hinanden, men ved saaledes at holdes sammen viser Forskjelligheden sig desto stærkere, som naar man taler om at holde to Farver sammen, *opposita juxta se posita magis illucescunt.* * Synd er det Eneste af hvad der ellers prædiceres om et Menneske, som paa ingen Maade, hverken *via negationis** eller *via eminentiæ*, kan udsiges om Gud. At udsige om Gud (i samme Forstand som at han ikke er endelig, altsaa *via negationis*, at han er uendelig) at han ikke er en Synder, er Gudsbespottelse.

Som Synder er Mennesket adskilt fra Gud ved Qvalitetens meest svælgende Dyb. Og selvfølgeligt er Gud atter adskilt fra Mennesket ved det samme Qvalitetens svælgende Dyb, naar han forlader Synder. Dersom det dog nemlig ellers lod sig gjøre, ved en omvendt Art Accomodation, * at overføre det Guddommelige paa det Menneskelige: i Eet kommer han evigt aldrig til at ligne Gud, i at tilgive Synder.

Her ligger saa Forargelsens yderste Concentration, hvad den Lære har fundet fornødent, som netop har lært Ligheden mellem Gud og Menneske.

Men Forargelse er den meest mulige afgjørende Bestemmelse af Subjektiviteten, det enkelte Menneske. Vistnok er det at tænke Forargelse uden at tænke en Forarget ikke ligesaa umuligt som et Fløitespil, * naar der ingen Fløitespiller er; men selv Tænkningen maa dog vistnok indrømme, at Forargelse, endnu mere end Forelskelse, er et uvirkeligt Begreb, som først bliver virkeligt, hver Gang der er En, en Enkelt, som er forarget.

Forargelse forholder sig altsaa til den Enkelte. Og dermed begynder Christendommen, med at gjøre hvert Menneske til en Enkelt, en enkelt Synder; og nu concentrerer den Alt hvad Himmel og Jord kan opdrive af Forargelses Mulighed (kun derover raader Gud): og dette er Christendom. Den siger saa til hver Enkelt: Du skal troe, o: Du skal enten forarges, eller Du skal troe. Videre ikke eet Ord; der er ikke videre at tilføie. „Nu har jeg talet," siger Gud i Himlene „i Evigheden tales vi ved igjen. Du kan i den mellemliggende Tid gjøre hvad Du vil, men Dommen forestaaer."

En Dom! Ja, det har vi Mennesker jo lært, det lærer jo Erfaring, at naar der er Mytteri paa et Skib eller i en Armee, saa ere de Skyldige saa mange, at man maa lade Straffen fare; og naar det er Publikum, det høistærede dannede Publikum, eller Folket, saa er det ikke blot ingen Forbrydelse, saa er det ifølge Avisen, paa hvilken man kan stole som paa Evangeliet og Aabenbaringen, Guds Villie. Hvoraf kommer dette? Det kommer deraf, at Begrebet Dom svarer til den Enkelte, man dømmer ikke *en masse;* man kan slaae Folk ihjel *en masse*, sprøite paa dem *en masse*, smigre dem *en masse*, kort paa mange Maader behandle Folk som Fæ, men dømme Folk som Fæ kan man ikke, thi man kan ikke dømme Fæ; om der end dømmes nok saa mange, naar det at dømme skal have Alvor og Sandhed, dømmes hver Enkelt.[7] Naar nu saa Mange ere de Skyldige, saa lader dette menneskeligt sig ikke gjøre; derfor opgiver man det Hele, man indseer, at der ikke kan være Tale om nogen Dom, de ere for Mange til at blive dømte, man kan ikke faae dem eller ikke overkomme at faae dem Enkelte, derfor maa man opgive at *dømme.*

Og da man nu i vor oplyste Tid, hvor man finder alle anthropomorphistiske og anthropopathiske* Forestillinger om Gud upassende, dog ikke finder det upassende at tænke Gud, som Dommer, i Lighed med en almindelig Birkedommer eller General-Auditeur, der ikke kan overfare en saa vidtløftig Sag – saa slutter man: det vil i Evigheden gaae accurat ligesaa. Lader os derfor blot holde sammen, sikkre os, at Præsterne præke paa den Maade. Og skulde der være en Enkelt, der vovede at tale anderledes, en Enkelt, der var taabelig nok til at gjøre sig selv sit Liv bekymret og ansvarligt i Frygt og Bæven, og saa ogsaa at ville plage Andre: da lader os sikkre os ved at ansee ham for gal, eller, hvis fornødent gjøres, ved at slaae ham ihjel. Naar vi blot ere Mange om det, saa erdet ingen Uret. Det er Nonsens og antiqveret, at Mange kan gjøre Uret; hvad de Mange gjøre er Guds Villie. For denne Viisdom, det veed vi af Erfaring – thi vi ere ikke uerfarne Ynglinge, vi henkaste ikke løse Ord, vi tale som Mænd af Erfaring – har hidtil alle Mennesker bøiet sig, Konger og Keisere og Excellencer; ved Hjælp af denne Viisdom ere hidtil alle vore Kreaturer hjulpne op: saa skal sgu Gud ogsaa lære at bøie sig. Det gjælder blot om, at vi blive Mange, rigtigt Mange, der holde sammen, naar vi gjøre det, saa ere vi sikkrede mod Evighedens Dom. – Ja, vistnok ere de sikkrede, dersom det først var i Evigheden de skulle blive Enkelte. Men de vare og ere for Gud bestandigt Enkelte; ikke Den, der sidder i et Glasskab, er saa generet som hvert Menneske er for Gud Gjennemsigtighed. Dette er Samvittigheds-Forholdet. Ved Hjælp af Samvittigheden er det saaledes indrettet, at Rapporten strax følger med enhver Skyld, og at den Skyldige er Den, der selv maa skrive den. Men det skrives med sympathetisk Blæk, og bliver derfor først ret tydeligt, naar det i Evigheden holdes op for Lyset, medens Evigheden reviderer Samvittighederne. I Grunden ankommer Enhver i Evigheden saaledes, at han selv medbringer og overleverer den nøiagtigste Anmeldelse om hver den mindste Ubetydelighed, han forbrød eller efterlod. At holde Dom i Evigheden kunde derfor et Barn bestride; der er egentligen Intet at gjøre for Trediemand, Alt, indtil det ubetydeligste Ord der er talet, er i Orden. Det gaaer den Skyldige, der er paa Reisen gjennem Livet til Evigheden, som det gik hiin Morder, der paa Jernbanen med dennes Hurtighed flygtede bort fra Gjerningsstedet – og sin Forbrydelse: ak, just under den Vogn, hvori han sad, løb den elektromagnetiske Telegraph med hans Signalement og Ordre til at anholde ham paa første Station. Da han ankom paa Stationen og stod ud af Vognen, var han Arrestant – han havde paa en Maade selv bragt Angivelsen med.

Altsaa Fortvivlelse om Syndernes Forladelse er Forargelse. Og Forargelse er Syndens Potentsation. Dette tænker man i Almindelighed slet ikke paa; man regner i Almindelighed vel neppe Forargelse til Synd, om hvilken man da ikke taler, men om Synder, blandt hvilke Forargelse ikke finder Plads. Endnu mindre opfatter man Forargelse som Syndens Potentsation. Dette kommer af, at man ikke, christeligt, danner Modsætningen mellem: Synd – Tro, men mellem Synd – Dyd.

C

Den Synd, at opgive Christendommen modo ponendo, at erklære den for Usandhed

Dette er Synd mod den Hellig-Aand. Selvet er her meest fortvivlet potentseret; det kaster ikke blot hele Christendommen af sig, men gjør den til Løgn og Usandhed – hvilken uhyre fortvivlet Forestilling om sig selv maa det Selv have!

Syndens Potentsation viser sig tydeligt, naar man opfatter den som en Krig mellem Menneske og Gud, hvor der forandres Taktik; Potentsationen er Stigen fra det Defensive til det Offensive. Synd er Fortvivlelse; her kjæmpes eviterende. * Saa kom Fortvivlelse over sin Synd; her kjæmpes endnu en Gang eviterende eller befæstende sig indenfor sin tilbagetrukne Stilling, men bestandigt *pedem referens*.* Nu forandres Taktiken; skjøndt Synden fordyber sig mere og mere i sig selv, og saaledes fjerner sig, kommer den dog i en anden Forstand nærmere, bliver mere og mere afgjort sig selv. Fortvivlelse om Syndernes Forladelse er en bestemt Position lige over for et Tilbud af Guds Barmhjertighed; Synden er ikke ganske den Flygtende, ikke blot defensiv. Men den Synd at opgive Christendommen som Usandhed og Løgn er offensiv Krig. Alt det Foregaaende gjør dog paa en Maade sin Modpart den Indrømmelse, at den er den Stærkere. Men nu er Synden angribende.

Synd mod den Hellig-Aand er den positive Form af Forargethed.

Christendommens Lære er Læren om Gud-Mennesket, om Slægtskabet mellem Gud og Menneske, men vel at mærke saaledes, at Forargelsens Mulighed er, om jeg saa tør sige, den Garanti, hvorved Gud sikkrer sig, at Mennesket ikke kan komme ham for nær. Forargelsens Mulighed er det dialektiske Moment i alt det Christelige. Tages den bort, saa er det Christelige ikke blot Hedenskab, men noget saa Phantastisk, at Hedenskabet maatte erklære det for Vrøvl. At være Gud saa nær, som Christendommen lærer, at Mennesket kan komme ham, og tør komme ham, og skal komme ham i Christo, er aldrig faldet noget Menneske ind. Skal det nu forstaaes ligefrem, saadan ganske uden den allermindste Reservation, aldeles ugeneret, friskfyragtigt: saa er Christendommen, hvis man vil kalde Hedenskabets Digt om Guderne menneskelig Afsindighed, en afsindig Guds Opfindelse; en saadan Lære kunde kun en Gud, der er gaaet fra Forstanden, falde paa – saaledes maa et Menneske dømme, der endnu har bevaret sin Forstand. Den incarnerede Gud vilde, hvis Mennesket saadan uden videre skulde være Kammerat med ham, blive et Sidestykke til Prinds Henrik hos Shakspeare. *

Gud og Menneske ere to Qvaliteter, mellem hvilke der er en uendelig Qvalitets-Forskjel. Enhver Lære, der overseer denne Forskjel, er menneskelig talt afsindig, guddommelig forstaaet, Guds-Bespottelse. I Hedenskabet gjorde Mennesket Gud til Menneske (Menneske-Guden); i Christendommen gjør Gud sig til Menneske (Gud-Mennesket) – men i denne sin forbarmende Naades uendelige Kjerlighed gjør han dog een Betingelse, han kan det ikke anderledes. Just dette er Sorgen i Christo, „han kan det ikke anderledes"; han kan fornedre sig selv, paatage sig en Tjeners Skikkelse, lide, døe for Menneskene, indbyde Alle at komme til sig, offre hver sit Livs Dag, og hver Dagens Time, og offre Livet – men Forargelsens Mulighed kan han ikke borttage. O, eneste Kjerlighedens Gjerning, o, uudgrundelige Kjerlighedens Sorg, at selv Gud ikke kan – som han da i en anden Forstand heller ikke vil, ikke kan ville – men selv om han vilde, ikke kan gjøre det umuligt, at denne Kjerlighedens Gjerning kan blive et Menneske til lige det Modsatte, til den yderste Elendighed! Thi den størst mulige menneskelige Elendighed, større endnu end Synden, er at forarges paa Christus og forblive i Forargelsen. Og dette kan Christus ikke, dette kan „Kjerligheden" ikke gjøre umuligt. See, derfor siger han: „salig Den, som ikke forarges paa mig."* Mere kan han ikke gjøre. Altsaa han kan, det er muligt, han kan ved sin Kjerlighed komme til at gjøre et Menneske saa elendigt, som et Menneske aldrig nogensinde kunde blive det. O, uudgrundelige Modsigelse i Kjerlighed! Men dog kan han – af Kjerlighed ikke bringe det over sit Hjerte at lade være at fuldkomme Kjerlighedens Gjerning; ak, hvis den saa dog gjorde et Menneske saa elendig, som han ellers aldrig vilde være blevet det!

Lad os tale ret menneskeligt derom. O, usselt et Menneske, som aldrig har følt Trang til af Kjerlighed at offre Alt af Kjerlighed, som altsaa ikke har kunnet det! Men naar han saa opdagede, at just denne hans Opoffrelse i Kjerlighed, at det var muligt, at den kunde blive det andet Menneske, den Elskedes, største Ulykke: hvad saa? Saa enten tabte Kjerligheden i ham sin Spændkraft, fra at være et Magtens Liv sank den sammen til en veemodig Følelses indesluttede Grunden, han gik fra Kjerligheden, han vovede ikke at gjøre denne Kjerlighedens Gjerning, selv segnende, ikke under Gjerningen, men under Vægten af hiin Mulighed. Thi ligesom en Vægt bliver uendelig meget tungere, naar den anbringes paa Enden af en Stang, og den Løftende skal holde i den modsatte Ende, saaledes bliver enhver Gjerning uendelig tungere, naar den bliver dialektisk, og tungest, naar den bliver sympathetisk-dialektisk, saa hvad Kjerligheden tilskynder at gjøre for den Elskede, det synes igjen i en anden Forstand Omsorgen for den Elskede at fraraade. – Eller Kjerligheden seirede, og han vovede det af Kjerlighed. O, men i Kjerlighedens Glæde (som Kjerlighed altid er glad, især naar den offrer Alt) var dog en dyb Sorg – thi det var jo muligt! See, derfor fuldkommede han denne sin Kjerlighedens Gjerning, han bragte Offeret (som han for sit Vedkommende jublede ved) ikke uden Taarer: der svæver over dette, hvad skal jeg kalde det, dette Inderlighedens Historie-Maleri hiin mørke Mulighed. Og dog, hvis denne ikke havde svævet over det, havde hans Gjerning ikke været den sande Kjerligheds. – O, min Ven, hvad har Du vel forsøgt i Livet! Anstreng Din Hjerne, riv enhver Bedækning til Side og blot Følelsens *viscera** i Dit Bryst, sløif enhver Befæstning, som adskiller Dig fra Den, om hvem Du læser, og læs saa Shakspeare – og Du skal gyse for Collisioner. Men de egentlige religieuse Collisioner synes selv

Shakspeare at have gyset tilbage for. Maaskee lader disse sig ogsaa kun udtrykke i Gudernes Sprog. Og dette Sprog kan intet Menneske tale; thi som allerede en Græker* saa skjønt har sagt: af Mennesker lærer Mennesket at tale, af Guderne at tie.

At der er den uendelige Qvalitets-Forskjel mellem Gud og Menneske, det er Forargelsens Mulighed, som ikke kan borttages. Af Kjerlighed bliver Gud Menneske; han siger: see her, hvad det er at være Menneske, men, tilføier han, o tag Dig iagt, thi jeg er tillige Gud – salig Den, som ikke forarges paa mig. Han paatager sig som Menneske en ringe Tjeners Skikkelse, han udtrykker det at være et ringe Menneske, paa det at intet Menneske skal mene sig udelukket, eller mene, at det er menneskelig Anseelse og Anseelse blandt Mennesker, der bringer En nærmere til Gud. Nei, han er det ringe Menneske. Seer her hid, siger han, og forvis Dig om, hvad det er at være Menneske, o, men tag Dig iagt; thi jeg er tillige Gud – salig Den, som ikke forarges paa mig. Eller omvendt: Faderen og jeg er Eet, * dog er jeg dette enkelte, ringe Menneske, fattig, forladt, given i Menneskenes Vold – salig Den, som ikke forarges paa mig. Jeg, dette ringe Menneske, er Den som gjør, at Døve høre, * Blinde see, Halte gaae, Spedalske renses, Døde staae op – salig Den, som ikke forarges paa mig.

Under Ansvar paa høieste Sted fordrister jeg mig derfor til at sige, at dette Ord: salig Den, som ikke forarges paa mig, hører med til Forkyndelsen om Christo, om ikke paa samme Maade som Indstiftelses-Ordene i Nadveren, saa dog som de Ord: Enhver prøve sig selv. * De ere Christi egne Ord, og de maae, især da i Christenheden, atter og atter indskjærpes, gjentages, siges til Enhver især. Overalt[8] hvor disse Ord ikke lyde med, eller i ethvert Tilfælde, hvor Fremstillingen af det Christelige ikke er paa ethvert Punkt gjennemtrængt af denne Tanke: der er Christendommen

Blasphemi. Thi uden Livvagt og uden Tjenere, der kunde berede ham Veien og gjøre Menneskene opmærksomme paa, hvo det var der kom: gik Christus her paa Jorden i en Tjeners ringe Skikkelse. Men Forargelsens Mulighed (o, som den var i Hans Kjerlighed Ham Sorgen!) værgede og værger om Ham, befæster et svælgende Dyb mellem Ham og Den, som var Ham nærmest og stod Ham nærmest.

Den nemlig, som ikke forarges, han *tilbeder* troende. Men at tilbede, hvilket er Troens Udtryk, er at udtrykke, at Qvalitetens uendelig svælgende Dyb dem imellem er befæstet. Thi i Troen er igjen Forargelsens Mulighed det dialektiske Moment.[9]

Men den Art Forargelse, om hvilken her er Tale, er *modo ponendo,** den udsiger om Christendommen, at den er Usandhed og Løgn, og derved igjen det Samme om Christus.

For at belyse denne Art Forargelse bliver det bedst at gjennemgaae de forskjellige Former af Forargelsen, hvilken principielt forholder sig til Paradoxet (Christus) og saaledes kommer igjen ved enhver Bestemmelse af det Christelige, fordi enhver saadan forholder sig til Christus, har Christus *in mente.*

Den laveste Form af Forargelse, den, menneskelig talt, uskyldigste, er at lade det Hele med Christus staae hen uafgjort, at dømme saaledes: jeg tillader mig Intet at dømme derom; jeg troer ikke, men jeg dømmer Intet. At dette er en Form af Forargelse, undgaaer de Fleste. Sagen er, man har reent glemt dette Christelige: „*Du skal.*" Deraf kommer det, at man ikke seer, at dette er Forargelse, dette at stille Christus i Indifferents. Det at Christendommen er Dig forkyndt, betyder, Du skal have en Mening om Christus; Han er, eller det at Han er til, og at Han har været til; er hele Tilværelsens Afgjørelse. Er Christus Dig forkyndt, saa er det Forargelse at sige: jeg vil ingen Mening have derom.

Dog maa dette forstaaes med en vis Indskrænkning i disse Tider, da Christendommen forkyndes saa maadeligt, som den gjør. Der leve vistnok mange Tusinder, som have hørt Christendommen forkynde, og som aldrig have hørt Noget om dette „skal." Men Den, der har hørt det, naar han saa siger: jeg vil ingen Mening have derom, saa er han forarget. Han benegter nemlig Christi Guddom, at den har Ret til at fordre dette af et Menneske, at han skal have en Mening. Det hjælper ikke, at et saadant Menneske siger: „jeg udsiger jo Intet, hverken Ja eller Nei om Christus"; thi saa spørger man ham blot: har Du da heller ingen Mening om, hvorvidt Du skal have nogen Mening om Ham eller ikke? Svarer han dertil: jo, saa fanger han sig selv; og svarer han: nei, saa dømmer Christendommen ham alligevel, at han skal have en Mening derom, og altsaa igjen om Christus, at intet Menneske skal formaste sig til at lade Christi Liv staae hen som en Curiositet. Naar Gud lader sig føde og bliver Menneske, saa er dette ikke et ørkesløst Indfald, Noget han hitter paa, for dog at foretage sig Noget, maaskee for at gjøre Ende paa den Kjedsommelighed, der, som man frækt har sagt, * skal være forbundet med at være Gud – det er ikke for at opleve Eventyr. Nei, naar Gud gjør det, saa er dette Faktum Tilværelsens Alvor. Og dette er igjen Alvoren i denne Alvor: at Enhver *skal* have en Mening derom. Naar en Konge besøger en Provindsby, anseer han det for en Fornærmelse, om en Embedsmand, hvis han da ikke har lovligt Forfald, undlader at gjøre ham sin Opvartning; men hvad mon han vilde dømme, om en vilde ignorere det hele Faktum, at Kongen var i Byen, vilde spille Privatmanden, der i saa Henseende „blæser af Hans Majestæt og af Kongeloven"? Og saaledes ogsaa, naar det behager Gud at vorde Menneske – at det saa behager et Menneske (og hvad Embedsmanden er for Kongen, det er ethvert Menneske for

Gud) derom at sige: ja, det er Noget, hvorom jeg ikke ønsker at have nogen Mening. Saaledes taler man fornemt om, hvad man i Grunden overseer: altsaa overseer man fornemt Gud.

Den næste Form af Forargelse er den negative, men lidende. Den føler vel, at ignorere Christus formaaer den ikke, at lade Det med Christus staae hen og saa forresten have travlt i Livet, er den ikke istand til. Men troe kan den heller ikke; den vedbliver saa at stirre paa det ene og samme Punkt, paa Paradoxet. Forsaavidt ærer den dog Christendommen, den udtrykker, at dette Spørgsmaal: hvad tykkes Dig om Christus, virkelig er det meest Afgjørende. En saadan Forarget lever da hen som en Skygge; hans Liv fortæres, fordi han i sit Inderste bestandigt er beskjæftiget med denne Afgjørelse. Og saaledes udtrykker han (som ulykkelig Elskovs Lidelse i Forhold til Elskov), hvilken Realitet Christendommen har.

Den sidste Form af Forargelse er den, om hvilken vi her tale, den positive. Den erklærer Christendommen for Usandhed og Løgn, den negter Christus (at han har været til og at han er Den, han sagde sig at være) enten doketisk* eller rationalistisk, saaledes at Christus enten ikke bliver et enkelt Menneske, men kun tilsyneladende, eller at han bliver kun et enkelt Menneske, saa han enten doketisk bliver Poesi, Mythologi, der ikke gjør Fordring paa Virkelighed, eller rationalistisk en Virkelighed, der ikke gjør Fordring paa at være guddommelig. I denne Negten af Christus som Paradoxet ligger naturligviis igjen Negten af alt det Christelige: Synden, Syndernes Forladelse o. s. v.

Denne Form af Forargelse er Synd mod den Hellig-Aand. Som Jøderne sagde om Christus, * han uddriver Djævle ved Djævelens Hjælp, saaledes gjør denne Forargelse Christus til en Opfindelse af Djævelen.

Denne Forargelse er Syndens høieste Potentsation, hvilket man som oftest overseer, da man ikke, christeligt, danner Modsætningen mellem: Synd – Tro.

Derimod er denne Modsætning gjort gjældende i hele dette Skrift, der strax i første Afsnit A, A opstillede Formelen for den Tilstand, hvori der slet ingen Fortvivlelse er: i at forholde sig til sig selv og i at ville være sig selv grunder Selvet gjennemsigtigt i den Magt, som satte det. Hvilken Formel igjen, hvorom oftere er mindet, er Definitionen paa Tro. *

Noter

SYGDOMMEN TIL DØDEN

Sml. V. henviser til billigudgaven af Søren Kierkegaard: Samlede Værker 1–20, 1962–64

S. 7. *Sygdommen til Døden. En christelig psychologisk Udvikling til Opbyggelse og Opvækkelse. Af Anti-Climacus. Udgivet af S. Kierkegaard.* Udkom 30. juli 1849. Kimen til værket kan ses i en dagbogsudtalelse fra 1847: „Syndens to Former. 1) synder et Menneske af Svaghed. 2) saa af Fortvivlelse. Dette er egentlig Synden. Heri ligger ogsaa Forsoningen. Et Menneske fortvivler over, at den Synd han af Svaghed begik, kan tilgives, Alt mener han er tabt, og saa synder han. Derfor maa Forsoningen til for at standse ham" (Papirer VIII$_1$ A 497). I Papirer VIII$_1$ A 558 hedder det: „NB NB. Der skal skrives en ny Bog, som skal hedde: „Tanker, der helbreder i Grunden, christelig Lægedom". Her skal Læren om Forsoningen afhandles. Først vises, hvori Sygdommen i Grunden ligger: Synden. Det bliver altsaa en Todeling … 1) bliver om

Syndens Bevidsthed. *Sygdommen til Døden.* Christelige Taler 2) *Helbredelsen i Grunden.* Den christelige Lægedom. Forsoningen". En udførlig disposition til bogen findes i Papirer VIII1 A 652, jvf. også 653.

S.K., der længe betænkte sig på at udgive skriftet, der mere kompromisløst end tidligere demonstrerede den sande kristendom, som han forstod den, besluttede til sidst at udsende den, men under et nyt pseudonym: *Anti-Climacus.* Navnet er dannet som modsætning til Climacus (se Sml. V. bd. 9, note til s. 7, og Sml. V. bd. 6, note til s. 7). Mens Johannes Climacus er manden, der erklærer sig ikke at være kristen i egentlig forstand, men afholder sig afventende og eksperimenterende, er Anti-Climacus kristen i overordentlig forstand. Jvf. Papirer X2 A 121, 177, 184, 510, 517. Endelig hedder det: „Altsaa. Nu udgaaer „Sygdommen til Døden" men pseudonymt med mig som Udgiver. Det hedder „til Opbyggelse", det er mere end min Kategorie, Digter-Kategorien: opbyggelig. Som den Flod Guadalqvibir etsteds styrter sig under Jorden, saaledes er der en Strækning: det Opbyggelige, der har mit Navn. Der er noget, som er lavere (det Æsthetiske), det er pseudonymt, og Noget som er høiere, det er ogsaa pseudonymt, fordi min Personlighed ikke svarer dertil ..." (Papirer X1 A 510). Til dette motto er i ms. tilføjet, men senere udstreget: en prædiken af biskop Albertini jvf. Handbuch deutscher Beredsamkeit v. Dr. O. L. B. Wolff, Leipzig 1845 iste D. s. 293 – Digtet stammer dog fra Zinzendorfs „Grosses Gesangbuch der Brüdergemeinde" feb. 1778 (nr. 831).

S. 15. *Aand er Selvet.* Der sættes altså lighedstegn mellem de to begreber, som også dækker betegnelser som jeget og personligheden. S.K. har tidligere brugt udtrykket ånden på anden måde, nemlig som identisk med det „tredje", der forener syntesens elementer, f. eks. „Mennesket er en Synthese af Sjel og Legeme, der constitueres og bæres af Aand" (Begrebet Angest, Sml. V. bd. 6, s. 170). S.K.s uvilje imod systematik har undertiden bevirket, at han var noget løs i terminologien. *Mennesket er en Synthese af ... Nødvendighed!* Formuleringen i Begrebet Angest lyder: „Mennesket var altsaa en Synthese af Sjel og Legeme, men er tillige en Synthese af det Timelige og det Evige" (Sml. V. bd. 9, s. 173)

Forhold. Ordet forhold betegner egentlig en forbindelse eller sammensætning og er forsåvidt en oversættelse af ordet syntese Et forhold er følgelig en syntese, og når det ovenfor hedder, at selvet er et forhold, er dermed sagt, at selvet er en syntese. Denne påstand har dog, som den følgende sætning godtgør, ikke fuld gyldighed.

Selv. Den periode, som her afsluttes, er en bestemmelse af, hvad mennesket er.

Det Tredie. Hele ræsonnementet bygger på den hegelske dialektik, som S.K. stod i dyb gæld til. At forholdet er det tredje, betyder, at det er syntesen af de to elementer, den bygger på, svarende til Hegels tredeling i tesis, antitesis og syntesis.

negativ Enhed. Hvis akcenten ligger, ikke på forholdet (syntesen), men på de elementer, der konstituerer syntesen, bliver forholdet blot en abstrakt bestemmelse, der udtrykker, at elementerne træder i berøring med hinanden, hvilket udtrykkes med betegnelsen negativ enhed. Ligger akcenten derimod på forholdet og ikke på elementerne, kan der tales om positiv enhed („det positive Tredie").

Sjel, d. v. s. bevidsthed. *et Andet.* Hermed menes Gud. *er Forholdet vistnok det Tredie.* Der etableres altså en ny syntese, hvori Gud og menneske er elementerne. Det er dette, som ovenfor er formuleret med at mennesket er en syntese af uendelighed og endelighed, af det timelige og det evige, af frihed og nødvendighed, hvor som man vil bemærke, den ene side af ligningen er udtrykket for menneskets organiske natur (det timelige, det endelige, det nødvendige), mens den anden er det, der forbinder det med det guddommelige, det uendelige, det evige og friheden.

hele Forholdet. Den foregående udredning er af afgørende betydning for forståelsen af hele bogen og for S.K.s tankeverden, som den var, da den havde nået sin fulde modning. Den udsiger, at den menneskelige eksistens ikke kan nå sin fulde dimension, før den har været genstand for to synteser. Først er der syntesen af sjæl og legeme. Men mennesket kan først blive et selv eller ånd, når det er gået ind i en ny syntese, som bringer mennesket i berøring med det guddommelige. Det særlige ved denne nye syntese er nu, at dens elementer er kvalitativt forskellige, så dens bestanddele ikke intellektuelt kan forenes. Det nye forhold er altså ikke et spørgsmål om en ny erkendelse, men stiller etiske krav til mennesket, og det er denne opgave, der skaber muligheden for, at mennesket kan blive til et selv, blive ånd. Den ene side af syntesen er udtryk for en transcendens, altså for noget religiøst. Da kvaliteterne står i modsætning til hinanden (f. eks. nødvendighed og frihed), opstår der en spænding, og det er et kriterium på den sande kristne, at han kan udholde denne spænding i sit liv. Litt. Johannes Hohlenberg: Den ensommes Vej (1948) s. 144–58.

K. E. Løgstrup: Kierkegaards und Heideggers Existenzanalyse und ihr Verhältnis zur Verkündigung 1950), kap. 2.

Johannes Sløk: Die Anthropologie Kierkegaards (1954), kap. 1.

G. Malantschuk: Begrebet Fordoblelse hos Søren Kierkegaard, Kierkegaardiana II (1957), s. 43–53.

S. 16. *Reflexion* ?: Refleks. *Mulighed og Virkelighed*, tidligere behandlet i Philosophiske Smuler, Mellemspil (Sml. V. bd. 6, s. 67 ff.).

S. 17. *Tænkerne*. Herved sigter S.K. vistnok til Joh. Climacus i Philos. Smuler, se Sml. V. bd. 6, s. 68.

S. 20. *Orm ikke døer* o. s. v. Marc. 9, 48 (Jes. 66, 24). *den Herskesyge* o. s. v. De citerede ord var Cæsar Borgias Valgsprog, se Sml. V. bd. 7, s. 135.

S. 22. *Socrates beviste* o. s. v. i Platons Stat X Bog s. 608 ff.

S. 29. *Fortvivlelsens Skikkelser*. Jvf. Papirer VIII^2 B 151–52: „Fortvivlelsens Skikkelser, saaledes som disse viser sig i Virkeligheden, i virkelige Msker, medens der under A blev handlet om F. saa abstrakt som var den intet Mskes, og under B udviklet, at Bevidstheden er det afgjørende i Bestemmelsen F …

Denne bevidste F. bliver nu at udføre, saaledes, at der reflekteres paa det Dobbelte, at Bevidsthed er Bevidsthed om hvad F. er og Bevidsthed om sin egen Tilstand, at den er F. Modsætningen til F. er Troen; til dens Dialektik tages derfor i Schemaet et bestandigt Hensyn."

S. 30. κατά δὺναμιν (kata dynamin), efter mulighed.

instar omnium, der gælder lige så meget som alle (? : evnen for alle evner).

Fichte. Her sigter til F.s lære om den „produktive indbildningskraft", hvori F. søger oprindelsen til forestillingen om en omverden („Ikke-jeg'et") og dermed tillige til de nødvendige tænkeformer (kategorierne). Se navnlig Grundriss des Eigentümlichen der Wissenschaftslehre (Werke I I s. 386 f.).

S. 31. *hiin russiske Hornmusik.* Se Ersch & Grubers Realencyclopädie 2. Sect. II Th. (1834). Orkestret bestod af indtil 60 mand, der hver havde et horn, der kun gav een tone; hver mand havde altså kun at falde ind med denne tone på sin plads. (S.K. burde altså have sagt: „paa at være en Tone", ikke: „paa at være en Takt").

S. 32. *det Ene er sit Modsatte.* Det er atter den hegelske dialektik, der forudsættes, hvor de to elementer, der bringer syntesen til veje, er modsætninger (tesis og an ti tesis), ganske vist på en helt anden måde end ovenfor hos S.K., idet de hos Hegel aldrig er kvalitative modsætninger og derfor altid er modsætninger, der kan forsones, medieres, og altid forbliver inden for immanensen.

S. 34. απειρον – περας jtrpaç (apeiron – peras), egtl.: det ubegrænsede – grænsen; vigtige bestemmelser i den platoniske filosofi, særlig i Platons Philebos.

S. 35. *Philosopherne forklare,* især Hegel.

S. 37. *3die Akt. jdie Scene* i Schlegels oversættelse, som her er benyttet, såvelsom i originalteksten: 3die akt 2den scene.

S. 39. *hiin Konge.* Midas af Phrygien havde af Bacchus fået sit ønske, at alt, hvad han rørte ved, måtte forvandles til guld, opfyldt.

Han var derfor ved at dø af sult, men løftes af fortryllelsen ved et bad i floden Paktolos. (Ovids Metamorphoser XI 85 ff.).

Respirationen af lat. respirare, ordret: ånde (spirare) igen (re-), ånde ind og ud.

Suurstoffet ?: Ilten.

S. 40. *quantum satis*, tilstrækkelige mål (ordret: så meget som er nok, nemlig til at der kan gøres en erfaring).

S. 41. *Veritas est index sui et falsi*, sandheden er kendemærket på sig selv og usandheden; (unøjagtigt) citat af Spinozas Ethik (II prop. 43 schol).

socratisk. Jvf. Diogenes Laertios 2, 5, 31.

S. 43. *Folkesagnet fortæller.* Se Grimm, Irische Elfenmärchen (1826) s. LXXXIII.

S. 44. *De gamle Kirkelærere* Augustin de civitate dei 19, 25.

Hedningen ... anpriste Selvmord. Détte gælder væsentlig kun den stoiske filosofi; derimod findes den her fordrede betragtning af selvmord som oprør mod Gud f. eks. hos Platon.

S. 45. *Hysteron-Proteron*, græsk, egentlig sidst-først, betegner et bagvendt sprogligt udtryk, som anbringer det, der kommer logisk sidst, forrest i den sproglige formulering af tanken.

S. 49. *og ham selv* ?: og for ham selv (?).

Den Umiddelbare ... som var der noget Evigt i det. Denne passus minder meget om det kendte udsagn hos Fichte, at de individer, der ikke har hævet sig til det sandt moralske, udelukkende er for naturprodukter at regne og kun besidder jeg-hedens tomme form, som ikke dækker noget hos dem, men mangler den sande jeghed. S.K. har hentet adskilligt hos Fichte, hvis lære om jeget således i mangt og meget svarer til S.K.s om selvet.

S. 50. *quid nimis*, ordret: noget for meget; hentydning til det latinske (oprindelig græske) mundheld ne quid nimis, intet for meget (o: gør ikke noget i for høj grad, hold måde). Ethvert „for meget" (altså også en for stor lykke) kræver efter S.K. refleksionen „ikke for meget!", „hold måde".

S. 51. *Man fortæller om en Bondemand.* Jvf. Molbohistorier udg. af Tuxen, Kbhvn. 1866 s. 30 (hvor rigtignok bonden ikke kan kende sine ben igen, fordi hans nye hoser er stjålne og han har fået et par gamle på istedet).

S. 52. *Reflexion i sig*, se Terminologisk Ordbog (Uglebog U 90) under „Selvreflexion".

Omsætning synes ikke at give nogen tilfredsstillende mening; men ordet findes i alle tekstkilder.

S. 55. *i Omverdenens Reflexion* D: i omverdenens refleks (når den reflekterer (afspejler) sig i omverdenen).

und rings umher o. s. v. Goethes Faust I v. 1479.

S. 56. *fuimus*, vi har været – (og er ikke mere –): jvf. Virgils Æneide 2, 325.

S. 57. *Præsens in futuro*, nutid i fremtid; præsens in præterito, nutid i fortid. Begge er grammatiske betegnelser som S.K. overfører på de fortvivlende personer. *in toto*, i det hele, som helhed.

S. 61. *horis succes(s)ivis*, i på hinanden følgende timer, time efter time.

S. 62. *Richard* IIIi Shakespeares Richard III 4. akt 4. scene lader Richard trommerne røre for at overdøve sin moders forbandelser.

S. 63. *omnibus numeris absoluta*, fuldendt i enhver henseende.

S. 65. *„i Begyndelsen"*. Hentydning til 1. Mose Bog 1, 1 („i Begyndelsen skabte Gud Himmelen og Jorden").

S. 66. *Ataraxi*, uforstyrrelighed (udtryk fra den stoiske filosofi).

promethisk ?: ligesom Prometheus var naglet til klippen.

S. 67. *Pæl i Kjødet*, se Sml. V. bd. 4 note til s. 290. Stedet er tydeligt nok af selvbiografisk karakter.

S. 68. *det Dæmoniske*, jvf. Begrebet Angest, Caput 4 § 2: Angest for det Gode (Det Dæmoniske), Sml. V. bd. 6, s. 202 ff.

i reen græsk Forstand. „Dæmonisk" kommer af græsk „daimon", der betyder et overmenneskeligt væsen.

S. 69. *i Overtroens Fortælling*. Mulig tænkes her på Rübezahl i Musäus's Volksmärchen (3die Legende; se M.s Folkeeventyr overs. af Nathansen, Kbhvn. 1867 II s. 54).

S. 73. *En Digter-Existents i Retning af det Religieuse* sigter naturligvis til S.K.s eget tilfælde. Se hertil Papirer VIII2 B 158. *Conjunktion*, i ordets astronomiske betydning.

S. 75. *en ældre Dogmatik* allerede reformatorerne; se f. eks. Apologia Confessionis Augustanae art. II § 7 ff. Men særligt tænker S.K. på det i den ortodokse lutherske dogmatik anvendte argument, som i Karl Gottlieb Brettschneiders „Handbuch der Dogmatik", 3. oplag, bd. II (1828), s. 504 refereres således: „Die Schuld der Sünde sei unendlich, weil dadurch die unendliche Majestät beleidigt werde; daher müsse auch unendliche Strafe folgen" (Hirsch).

recurrerede, søgte tilbage. *en senere Dogmatik*. Jvf. nedenfor s. 76. – Det er Kant, der har forkastet bestemmelsen synd mod Gud, idet han overhovedet ikke anerkendte Guds vilje som moralsk lovgivende; men det er næppe herpå, der tænkes her. Hos de af Kant afhængige teologiske etikere, som overhovedet i den datidige teologi, spiller begrebet synd mod Gud næsten ingen rolle.

S. 76. *mod Gud eller for Gud*. S.K.s gengivelse er ikke korrekt. Brettschneider skriver: Überhaupt ist die Grösse der Schuld nur nach subjektiven, nicht nach objektiven Gründen zu bestimmen; auch müssten dann unsere Kenntnisse von Gott und unseren Pflichterweisungen unendlich sein, und es würde keine Verschiedenheit der Schuld, welche doch die Schrift lehrt, stattfinden" (Hirsch).

uden Gud i Verden. Pauli Brev til de Eph. 2, 12.

pelagiansk-letsindige. Pelagianerne nægtede arvesynden.

S. 77. *tidligere Tid af hans Liv* hentyder til S.K.s brud med faderen og dermed sammenhængende udsvævende periode. *een Djævel ved Djævelens Hjælp* o. s. v. Jvf. Matth. 12, 24.

S. 79. „i hvis Hjerte det aldrig var opkommet“. Jvf. 1. Kor. 2, 9.

S. 80. *quid nimis*, for meget; se note t. s. 50.

S. 81. *Forargelse*, jvf. Terminologisk Ordbog.

giver op uden om, som et eksamenspensum udover det forlangte. „*gyldne* Hentydning til Horats's Oder 2, 10, 5: enhver der elsker den gyldne middelvej o. s. v.

S. 82. *de facto*, efter sin handling, objektivt set.

S. 84. *quod erat demonstrandum*, hvad der skulle bevises.

S. 85. *kategorisk Imperativ*, egentlig et udtryk fra Kants filosofi; Kant forstår derved morallovens ubetingede bud. Her må udtrykket forstås i betydningen: befaling, man ikke kan undlade at opfylde. *eo ipso*, med det samme.

S. 86. *med „Adriennen paa“*. Jvf. Holberg, Den politiske Kandestøber 4. akt 2. scene og andre steder. (Adrienne er en lang, fortil åben slæbekjole).

som Skriften siger. Luc. 18, 32.

S. 88. *cogito ergo sum*, jeg tænker, altså er jeg; Descartes's grundsætning.

Dig skeer som Du troer. Jvf. Matth. 9, 29.

cito citissime, hurtigt, meget hurtigt.

Interim, midlertidig aftale o. l., her snarest: et vist tidsrum.

S. 91. *spekulativ Dogmatik*, nemlig Martensens, hvis Christelige Dogmatik var udkommet i 1849. Der kan i videre Forstand tænkes på det hegelske højres dogmatik, såsom Marheinekes „Die Grundlehren der christelichen Dogmatik“. 1827.

Pantheisme og Rationalisme. Bekæmpelsen af de negative begreber som synd, svaghed og uvidenhed som „pantheisme“ hører ikke den gamle lutherske ortodoksi til, men det 19. århundredes pietistiske ortodoksi. Bekæmpelsen af Hegels „pantheisme“ ud fra en opfattelse af synden som et positivt onde er begrundet af August Tholuck: „Die Lehre von der Sünde und vom Versöhner“ fra 1823. Første dels kapitel 2 har således overskriften: „Wiederlegung der pantheistischen Ansicht wie der pelagianischen, dass das Böse Negation sei.“ (Hirsch).

abrenuntierer, *afsværger*.

Sub specie æterni, æterno modo, fra evighedens synspunkt; to udtryk for det samme, begge stammende fra Spinoza.

S. 92. *Imperfectum* ordret: ufuldendt (tid), Perfectum: fuldendt (tid); ?: de tidsformer af verbet, der betegner henholdsvis den ufuldendte og den fuldendte handling.

S. 93. *Gudsfrygt er Viisdoms Begyndelse*. Ps. in, 10 og andre steder i Det gi. Testamente.

derfor kjendte Guddommen ham at være den meest Vidende.

Sokrates skal af det delfiske orakel være blevet erklæret for det viseste menneske.

S. 95. *som Skriften siger*. Jvf. Joh. Aabenb. 3, 16: derfor, efterdi du er lunken og hverken kold eller varm, vil jeg udspye dig af min Mund.

S. 96. *in puris naturalibus* egtl.: i den rene naturtilstand, ?: uden nogen påklædning; her snarest: uden omsvøb.

S. 97. *Synd*. Til dette kapitel findes i Papirer VIII2 B 166 følgende erklæring: „Det bliver rigtigst, at de Hentydninger til Dogmet om Arvesynden der findes især i 2det Capitel (og ellers hvor de findes) tages bort. Det vilde føre mig for langt, og længere end her behøves, eller er tjenligt. Det, som rigtigt er anført om Synden, at Orthodoxien lærer, der maa en Aabenbaring til for at vise, hvad Synd er er heller ikke sagt m. H. t. Læren om Arvesynden.“

S. 98. *„Alt hvad der ikke er af Tro* o. s. v. Paulus Rom. 14, 23.

S. 99. *et Ordsprog*. Her synes at sigtes til det latinske: errare humanum est (at fejle er menneskeligt); men dets fortsættelse plejer at lyde: sed nullius nisi stulti in errore perseverare (men kun en tåbe fremturer i sin vildfarelse).

desultorisk, springende. Her brugt i betydningen diskontinuerlig. *jdie Akt. 2den Scene* i de almindelige udgaver 3die akt, 3die scene.

S. 100. *qua*, i egenskab af. *impetus*, fart.

S. 102. *Mephistopheles (i Faust)* I

v. 3116 f. (i slutningen af scenen „Wald und Höhle").

Aerostrat ɔ: Aerostat, luftballon. *Macbeth* 2. akt, 3. scene (ikke 2.).

S. 104. *de gamle Opbyggelsesskrifter*. Se f. eks. Taulers Predigten (Berlin 1842) 3. bd. s. 36 f.

S. 106. *cominus*, på nært hold, i håndgemæng; eminus, på afstand. Begge udtryk tilhører det romerske militærsprog.

er man eo ipso osv. Er man netop derved (langt borte), betyder dette, at man er langt borte.

S. 108. Deri havde Jøderne fuldkommen Ret osv. Se Matth. 9, 2–3.

S. 109. *Aristoteles*. Måske sigtes her til Politiken III kap. 11, hvor det hedder, at det ræsonnement, at mængden er bedre end alle de dygtige, ikke kan passe i alle tilfælde; thi det samme ræsonnement ville også passe på dyrene. – I det følgende sigtes vistnok til Strauss's lære, at Gudmennesket er menneskeheden; se hans Leben Jesu (1. udg. 1836) II § 147, s. 734 ff.; Dogmatik II s. 214 f.

S. 110. *idem per idem*, det samme i det samme (?). (Betyder ellers: det samme ved (bevist ved) det samme, ɔ: en cirkelslutning; men synes her at skulle være udtryk for en fuldkommen identitet).

S. 111. *e concessis*, ud fra indrømmelser; jvf. ovenfor: Dog lad det nu så være.

S. 112. *tage sig af Spurvene*. Jvf. Matth. 10, 29.

S. 113. *comprehendit* betyder både: begriber, og: omfatter.

opposita juxta se posita magis illucescunt, modsætninger fremtræder tydeligere ved at sættes ved siden af hinanden.

via negationis, ad nægtelsens vej; via eminentiæ, ad forstærkelsens vej. Se Sml. V. bd. 6, note t. s. 44.

Accomodation kaldte man i oplysningstidens teologi den guddommelige åbenbarings tilpasning til menneskenes begrænsninger, fordomme og vildfarelser.

ligesaa umulige som et Fløitespil. Jvf. Platons Apologi s. 27 b: er der nogen, der ikke troer på fløjtespillere, men vel på fløjtespillergerninger.

S. 114. *anthropopathisk*, som tildeler Gud menneskelige lidenskaber.

S. 116. *eviterende*, undvigende. *pedem referens*, vigende, idet man trækker sig tilbage.

S. 117. hos Shakspeare i Henrik IV. „salig Den, som ikke forarges paa mig". Matth. 11, 6.

S. 118. *viscera*, indvolde.

en Græker. Plutarch de garrulitate kap. 8: i at tale har vi mennesker, i at tie guder til lærere, idet vi jo iagttager taushed ved hellige handlinger og mysterier.

S. 119. *Faderen og jeg er Eet*. Joh. Ev. 10, 30.

Døve høre osv. Matth. 11,5.

Enhver prøve sig selv. 1. Kor. 11, 27. (Det er ikke Christi egne ord, men Paulus's: med sætningen „de ere Christi egne Ord" sigter S.K. næppe heller til dem, men til ordet „salig er den som ikke forarges paa mig".

mod Slutningen af sit Liv. Se Matth. 26, 31.

S. 120. *modo ponendo*, i positiv form.

mon Troen findes paa Jorden. Jvf. Lucas 18, 8: dog naar Menneskens Søn kommer, mon han skal finde Troen paa Jorden?

S. 121. *som man frækt har sagt*, i digtet „Die Heimkehr" i Heines „Buch der Lieder".

doketisk, Doketisme kaldes den kætterske lære, at Christi menneskelighed kun var et skin, hans legeme kun et skinlegeme osv.

S. 122. *Som Jøderne sagde om Christus* o.s.v. Matth. 12,24. Netop dette betegnes v. 31 og 32 som „synd mod den helligånd".

Tro. Oprindeligt havde S.K. ikke tænkt sig at udgive bogen pseudonymt og skrev derfor en anmærkning, der skulle anbringes „sidst i Bogen paa en Pagina for sig". Anmærkningen, der findes i Papirer X5 B 16, lyder: „Til Slut blot den Bemærkning, hvormed Tertullian begynder sit Skrift om Taalmodighed: „jeg bekjender for Gud Herren, at jeg paa en temmelig letsindig maaskee endog uforskammet Maade har dristet mig til at skrive om Taalmodighed, i hvis Udøvelse jeg dog, som en syndig Mand staar ganske og aldeles tilbage." Saaledes ogsaa med Fremstillingen af Idealitetens Fordringer i Forhold til det at være Christen. Men videre kan jeg desto værre for mig ikke gaae, jeg kan ikke vedblive og sige: saaledes ogsaa med mig – thi hvad Lighed mellem mig og en Tertullian! Hvor virkeligt letsindigt altsaa, næsten hvor uforskammet, at En vover at fremstille Idealitetens Fordringer, en der selv er dybest i Gjelden! Dog hvis nu alle, hver især, iagttoge Taushed, fordi Ingen vilde vove at være saaledes uforskammet, saa blev jo denne almindelige Taushed en anden Uforskammethed, et Falsknerie, et underfundigt Oprør mod Gud, der ingenlunde vil, at Idealitetens Fordringer skulle forties. Naar da ingen Fuldkomnere vil gjøre det, og det dog skal gjøres, saa maa en Ufuldkomnere vove sig dertil og derved ind i den Modsigelse, der, menneskelig talt, er et Slags Forræderie mod sig selv: til egen Ydmygelse at anvende al sin Flid, indtil det Yderste anstrenge al sin Tanke, for at fremstille Idealitetens Fordringer – lykkes dette, i samme Grad bliver hans egen Ufuldkommenhed jo aabenbar at være større og større, Gjelden, hvori han er, større og større.

At dette ingen Talemaade er, vil en Læser vistnok uden Vanskelighed forvisse sig om; thi medens han maaske ikke føler sig truffen af Bogen, vil han let see, hvorledes jeg paa mange Maader maa føle mig truffen. Ogsaa dette finder jeg mig villigt i, ja jeg bestræber mig saa godt jeg kan at det er mig, som var jeg den Eneste, der er truffen."

Noter

1 Og hvis man psychologisk vil see sig om i Virkeligheden, vil man stundom faae Leilighed til at forvisse sig om, at dette, som er tankerigtigt og altsaa skal og maa slaae til, ogsaa slaaer til, og at denne Inddeling omfatter Fortvivlelsens hele Virkelighed; thi hvad Barnet angaaer, taler man jo ikke om Fortvivlelse, men kun om Arrigskab, fordi man kun er berettiget til at forudsætte, at det Evige κατα δυναμιν, er tilstede i Barnet, ei er berettiget til at fordre *det* af det, som man er berettiget til at fordre det af den Ældre, om hvem det gjælder, han skal have det. Imidlertid vil jeg dog langtfra negte, at der hos Qvinder kan forekomme Former af mandlig Fortvivlelse, og omvendt hos Mænd Former af qvindelig Fortvivlelse; men dette er Undtagelserne. Og det forstaaer sig, det Ideale er ogsaa kun sjeldent; og kun reent idealt er det dog ganske sandt med denne Forskjel mellem Mandlighedens og Qvindelighedens Fortvivlelse. Qvinden har hverken den selvisk udviklede Forestilling om Selvet, ei heller i afgjørende Forstand Intellectualitet, hvor langt mere ømt- og fiintfølende hun end kan være end Manden. Derimod er Qvindens Væsen Hengivenhed, Hengivelse; og det er uqvindeligt, hvis det ikke er saa. Besynderligt nok, Ingen kan være saa knibsk (og dette Ord er jo af Sproget myntet paa Qvinden), saa næsten grusomt kræsen som en Qvinde – og dog er hendes Væsen Hengivenhed, og dog (just det Vidunderlige) er alt Dette egentlig Udtrykket for, at

hendes Væsen er Hengivenhed. Thi just fordi hun i sit Væsen bærer den hele qvindelige Hengivenhed, derfor har Naturen kjerligt udstyret hende med et Instinkt, i Sammenligning med hvis Fiinhed den meest, den eminentest udviklede mandlige Reflexion er som Intet. Denne en Qvindes Hengivenhed, denne, at jeg skal tale græsk, guddommelige Gave og Rigdom, er for stort et Gode til at den skulde slænges hen iblinde; og dog vilde ingen seende menneskelig Reflexion være istand til at see skarpt nok for at kunne anbringe den rigtigt. Derfor har Naturen taget sig af hende: instinktmæssigt seer hun iblinde klarere end den meest seende Reflexion, instinktmæssigt seer hun, hvor det er hun skal beundre, hvad det er, hvori hun skal hengive sig. Hengivenhed er det Eneste, Qvinden har, derfor paatog Naturen sig at være hendes Værge. Deraf kommer det ogsaa, at Qvindeligheden først bliver til i en Metamorphose; den bliver til, idet den uendelige Knibskhed forklarer sig som qvindelig Hengivenhed. Men at Hengivenhed er Qvindens Væsen, kommer saa igjen i Fortvivlelsen, er igjen Fortvivlelsens Modus. I Hengivelsen har hun tabt sig selv, og kun saaledes er hun lykkelig, kun saaledes er hun sig selv; en Qvinde, der er lykkelig uden Hengivelse, det er, uden at hengive sit Selv, hvad det saa end forresten er hun giver det hen til, er aldeles uqvindelig. En Mand giver sig ogsaa hen, og det er en daarlig Mand, som ikke gjør det; men hans Selv er ikke Hengivelse (dette er Udtrykket for den qvindelige substantielle Hengivelse), ei heller faaer han sit Selv ved Hengivelse, som Qvinden i en anden Forstand gjør det, han har sig selv; han giver sig hen, men hans Selv bliver endnu tilbage som en ædru Bevidsthed om Hengivelsen, hvorimod Qvinden ægte qvindeligt styrter sig i, styrter sit Selv i Det, til hvilket hun hengiver sig. Tages nu Dette bort, saa er ogsaa hendes Selv borte, og hendes Fortvivlelse: ikke at ville være sig selv. – Saaledes giver Manden sig ikke hen; men den anden Form af Fortvivlelse udtrykker ogsaa det Mandlige: fortvivlet at ville være sig selv.

Dette angaaende Forholdet mellem Mandlighedens og Qvindelighedens Fortvivlelse. Dog maa erindres, at her ikke er Tale om Hengivelse til Gud, eller Tale om Guds-Forholdet, hvorom først Talen bliver i andet Afsnit. I Forholdet til Gud, hvor saadan Forskjel som: Mand – Qvinde forsvinder, gjælder for Manden som for Qvinden, at Hengivelse er Selvet, og at ved Hengivelse faaes Selvet. Dette gjælder ligeligt for Mand og Qvinde, om vel oftest i Virkeligheden Qvinden kun gjennem Manden forholder sig til Gud.

2 Og derfor er det sproglig rigtigt at sige: at fortvivle *over* det Jordi-

ske (Anledningen), *om* det Evige, men *over* sig selv, fordi dette igjen er et andet Udtryk for Anledningen til Fortvivlelsen, der i Begrebet altid er *om* det Evige, medens det hvor *over* der fortvivles kan være det Forskjelligste. Man fortvivler *over* Det, som sætter En fast i Fortvivlelsen: over sin Ulykke, over det Jordiske, over Tabet af sin Formue o. s. v.; men *om* Det, der, rigtigt forstaaet, løser En ud af Fortvivlelsen: om det Evige, om sin Frelse, om egen Kraft o. s. v. I Forhold til Selvet siger man baade: at fortvivle *over* og *om* sig selv, fordi Selvet er dobbelt dialektisk. Og dette er den Dunkelhed, som er, især da i alle lavere Former af Fortvivlelse, og næsten i enhver Fortvivlende, at han saa lidenskabeligt tydeligt seer og veed, hvor *over* det er han fortvivler, men det undgaaer ham, hvor *om* det er. Betingelsen for Helbredelsen er altid denne *Om* vendelse; og reent philosophisk kunde det da blive et spidsfindigt Spørgsmaal, om det er muligt, at En kan være fortvivlet med fuldkommen Bevidsthed om, hvorom det er han fortvivler.

3 Man vil forøvrigt, for dog at minde derom, her, just fra dette Synspunkt, see, at Meget af Det, som i Verden pyntes ud under Navn af Resignation, er en Art Fortvivlelse, den, fortvivlet at ville være sit abstrakte Selv, fortvivlet at ville have nok i det Evige, og dermed at kunne trodse eller ignorere Lidelsen i det Jordiske og Timelige. Resignationens Dialektik er egentlig den: at ville være sit evige Selv, og saa i Henseende til noget Vist, hvori Selvet lider, ikke at ville være sig selv, trøstende sig ved, at det dog maa falde bort i Evigheden, og derfor menende sig berettiget til ikke at overtage det i Timeligheden, Selvet vil, skjøndt lidende derunder, dog ikke gjøre det den Indrømmelse, at det hører med til Selvet, det er, dog ikke troende ydmyge sig derunder. Resignation betragtet som Fortvivlelse er saaledes væsentlig forskjellig fra: fortvivlet ikke at ville være sig selv, thi den vil fortvivlet være sig selv, dog med Undtagelse af et Enkelt, i Henseende til hvilket den fortvivlet ikke vil være sig selv.

4 Man bemærke Forskjellen at fortvivle *over* sin Synd, *og* at fortvivle *om* Syndernes Forladelse.

5 Man vil bemærke, at Fortvivlelse over Synden her saa er opfattet dialektisk i Retning hen mod Troen. At dette Dialektiske er (om end dette Skrift kun behandler Fortvivlelse som Sygdommen), maa aldrig glemmes, det ligger jo i, at Fortvivlelse ogsaa er det første Moment i Troen. Naar Retningen derimod er bort fra Troen, bort fra Guds-Forholdet, saa er Fortvivlelse over Synden den nye Synd. I Aands-Livet er Alt dialektisk. Forargelse er jo saaledes, som ophævet Mulighed, et Moment i Troen; men Forargelse, med Retningen

bort fra Troen, er Synd. Man kan lægge et Menneske det til Last, at han ikke engang kan forarges paa Christendommen. Naar man taler saaledes, taler man jo om det at forarges som om noget Godt. Og derimod maa man jo sige, at det at forarges er Synd.

6 Læren om Slægtens Synd er ofte blevet misbrugt, fordi man ikke har været opmærksom paa, at Synden, hvor fælles den er for Alle, ikke samler Menneskene i et Fællesbegreb, i Selskab eller Compagni („saa lidet som ude paa Kirkegaarden de Dødes Mængde danner noget Selskab"), men adsplitter Menneskene i Enkelte, og holder hver Enkelt fast som Synder, hvilken Adsplittelse i en anden Forstand baade er i Overeensstemmelse med og teleologisk i Retning af Tilværelsens Fuldkommenhed. Dette har man ikke været opmærksom paa, og har saa ladet den faldne Slægt een Gang for alle være blevet god igjen ved Christus. Og saaledes har man dog igjen bragt Gud et Abstraktum paa Halsen, der, som Abstraktum, vil være i nærmere Slægtskab med ham. Men dette er et Skalkeskjul, som blot gjør Menneskene frække. Naar nemlig „den Enkelte" skal føle sig i Slægtskab med Gud (og dette er Christendommens Lære), saa faaer han ogsaa hele Trykket deraf i Frygt og Bæven, han maa, hvis det ikke var en gammel Opdagelse, opdage Forargelsens Mulighed. Men skal det være gjennem et Abstraktum den Enkelte kommer til denne Herlighed, saa bliver Sagen meget let og er i Grunden taget forfængeligt. Den Enkelte faaer saa ikke det uhyre Tryk af Gud, hvilket i Ydmygelse trykker lige saa dybt som det opløfter, den Enkelte bilder sig ind at have Alt uden videre ved at participere i hiint Abstraktum. Det er ikke med det at være Menneske som med det at være Dyr, hvor Exemplaret altid er mindre end Arten. Mennesket udmærker sig ikke blot ved de Fortrin, som almindelig nævnes, fra andre Dyre-Arter, men qvalitativt derved, at Individet, den Enkelte er mere end Arten. Og denne Bestemmelse er igjen dialektisk, betyder, at den Enkelte er Synder, men saa igjen, at det er Fuldkommenheden at være den Enkelte.

7 See derfor er Gud „Dommeren", fordi for ham ingen Mængde er, men kun Enkelte.

8 Og det er nu Tilfælde næsten overalt i Christenheden, der, som det synes, *enten* ganske ignorerer, at Christus selv er Den, der saa gjentagent, saa inderligt advarede mod Forargelsen, endnu mod Slutningen af sit Liv* endog sine troe Apostle, der havde fulgt ham fra Begyndelsen og for hans Skyld forladt Alt; *eller* vel endog taus anseer det for en Slags overspændt Ængstelighed af Christus, da Tusinder og Tusinders Erfaring godtgjør, at man kan have Troen paa

Christus uden at have mærket det Mindste til Forargelsens Mulighed. Men dette turde være en Feiltagelse, der vel skal blive aabenbar, naar Forargelsens Mulighed kommer til at dømme Christenheden.

9 Her en lille Opgave for Iagttagere. Dersom man antager, at alle de mange Præster her og i Udlandet, som holde og skrive Prædikener, ere troende Christne, hvorledes lader det sig saa forklare, at man aldrig hører eller læser den Bøn, som især i vore Tider laae saa nær: Gud i Himlene, jeg takker Dig, at Du ikke har fordret af et Menneske, at han skal begribe Christendommen; thi hvis det fordredes, da var jeg den Elendigste af Alle. Jo mere jeg søger at begribe den, jo mere ubegribelig forekommer den mig, jo mere opdager jeg blot Forargelsens Mulighed. Derfor takker jeg Dig, at Du ene fordrer Troen, og jeg beder Dig, at Du fremdeles vil forøge mig den. Denne Bøn vilde orthodox være aldeles correct, og antaget, at den var sand i den Bedende, vilde den tillige være correct Ironi over hele Spekulationen. Men mon Troen findes paa Jorden!*